THE MIRACLE OF ART TEN

意識・潜象・量子

宇宙のしくみ

を使えば、すべてがうまくいくようになっている

高橋呑舟 DONSHU TAKAHASHI

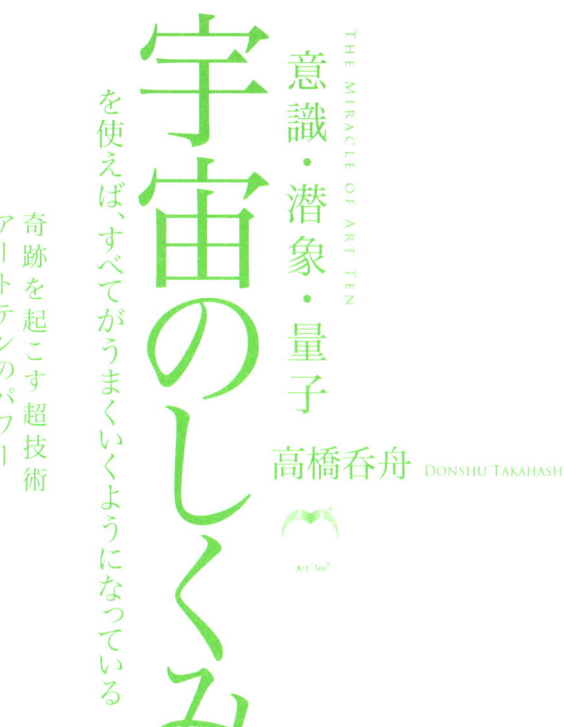

Art Ten®

奇跡を起こす超技術
アートテンのパワー

徳間書店

プロローグ

真の幸福とは何か

インドと中国に挟まれたブータンという王国をご存じの方は多いと思います。２０１１年、若いワンチュク国王が美しいペマ王妃と共に来日され、ブータンブームを巻き起こしたことはまだ記憶に新しいのではないでしょうか。国民の総幸福量が97パーセントという驚異的な数字は、私たちの心に強い印象をもたらしました。

私たちは国の発展をＧＮＰ（国民総生産）やＧＤＰ（国内総生産）という経済の発展ぶりを指針にしてきましたが、ブータンはＧＮＨ（国民総幸福 Gross National Happiness）を国の指針として、さまざまな政策を進めています。

前ワンチュク国王は、「GNP＝幸福」という物質至上主義的な考え方は、国民の間に「格差」や自然界に「環境破壊」を及ぼすということに気づいていたのではないでしょうか。まさに仏教国と言わざるを得ません。毎年国民に250項目のアンケートをとって調査をしているそうです。世界でもそんな精神性の高い国は他にはありません。

では、どうしてそんな国ができるのでしょうか。

ブータンの市場を見ると野菜が生き生きしています。みんな自国で生産されたものです。スイスと同様、自国のいいものは外国には出しません。そんなブータン国内を歩くと、だんだん畑があってどこか日本の昔の懐かしい風景を彷彿（ほうふつ）とさせます。それらは全部有機栽培です。

国は独自のオーガニック認証制度BOCSを作って、野菜が100パーセントオーガニックであることを保証しています。主食は赤米、黒米をまぜた米です。ブータンは世界初の完全有機農業を目指しています。そんな政策を進める農業大臣の発言がなんとも魅力的です。

「私は植物が幸せであるのを、昆虫が幸せであるのを、見たいんだ」

これは私が進めているアートテンの考え方とまったく同じです。

何が彼らの幸福度を高めているのでしょうか。

何か欲しいものがあればいいというのではありません。じつは、オキシトシン（幸せホルモン）の分泌量が違うのです。このホルモンは愛のホルモンとか、幸せのホルモンなどと呼ばれています。どんな効果を発揮するかというと、親子の絆（きずな）を深めたり、社会の人間関係をスムーズにする精神物質です。

大自然が作り出したいいものを食べると、このホルモンが脳下垂体から出ます。おいしいものを食べて感動すると、子どもたちは笑顔になりますね。それは大自然が作ったいいものを感動して食べると、この幸せホルモンがどんどん出るからにほかなりません。そんなオキシトシンの生物学的効果も明らかになっています。

一方、現在の日本では、化学物質に汚染されたおいしくないものを食べざるを得ませんから、この幸せホルモンの分泌が恐ろしく低下しています。さらにシングル家庭のお子さんのなかには、満足な食事ができない人も少なくありません。私のところに通って来ていた少女は鬱（うつ）状態でした。家計を支えるお母さんはコンビニで働いていて、売れ残った期限切れのお弁当をもらってきますから、彼女はそれを食べていました。本当は食べたくないのですが、お母さんを悲しませたくないので無理して食べていたのです。けれど、それを食べると具合が悪くなるので、少ししか食べません。だからとても痩せていました。私は彼女にとにかくおいしいものを食べてもらいました。

最近は子どもを虐待し、食事を与えない親も増えています。家族同士殺し合う事件も少なくありません。いつ殺されるかわからないから孫が怖いというお年寄りもいます。これは食べものの影響がとてつもなく大きいのです。

児童虐待の件数は2013年度で約7万3800件という驚異的な数字です。だからこそ奮い立ち、私はおいしい作物を作るアートテン技術を普及していかなければならないと思っています。

いい食べ物を食べると瞬間的に幸福感とか、安心感とか、信頼感が出てきます。それを多くの人に広めていきたい、それが私の切なる願いです。

1998年、私はオランダのヤープ・バッカー博士の農場を訪れました。そこはシュタイナー農法を取り入れ、星の動きに基づいて、種まきから収穫まで有機農法で行われるすばらしい農場でした。美しい花が咲き乱れ、妖精(ようせい)が舞う農場と言われ、世界中から見学者が来ていました。

その農場に5年間通って農業に必要なことを学びましたが、私が最も感動したのは、作物の生命エネルギーを測る測定方法があったことです。私たちの身体は食べ物で作られますが、その食べ物のエネルギーが高くなければ、当然のことながら私たちは健康を維持できません。

さらに言えば、私たちの見える身体は、たくさんの微生物を含む見えないさまざまなエネルギーや情報で成り立っています。そうした微生物やエネルギーや情報が、私たちの生命を生かしてくれています。生命エネルギーに目をつけ、それを育む(はぐく)ことにチャレンジしているヤープ・バッカー博士に、私は目を覚まされました。また博士に「日本は将来、遺伝子組み換えの実験場になるが、遺伝子組み換えは原爆より怖いぞ」と言われました。

帰国した私は、宇宙情報の研究から手をつけ、アートテン・テクノロジーを開発しました。それを現在農業ばかりでなく、医療や教育やビジネスなどあらゆる分野で活用しています。

時間と空間を超えた宇宙情報は高次元であり、行き着く先は意識そのもの。そんな宇宙の情報はすべて数字で表わされています。私はそれを受け取り、図形化、言語化して用いています。

天空の星座がそれぞれ生命体として意識を持ち、情報を持っているのを発見したのは在(あり)藤泰秀(ふじやすひで)さんでした。私はこの在藤さんの星座表もずいぶん活用させていただいています。その数字は数霊(かずたま)と同じ普遍的な意味を持っています。

私が現在取り扱っている宇宙情報は始原粒子とも言えるものです。始原粒子と言っても、それは意識を向けたところが下げ止まり。ミクロ、マクロの世界は、科学がいまだ追いついていないのが現状です。ＤＮＡの情報が10^{-9}、ノーベル賞級の物理学者たちが必死で追いかけている神の粒子と言われているヒッグス粒子でさえ10^{-21}という世界です。

かつて工学博士の関英男さんは、そうした高次元情報を「念波」として研究されていましたが、それも今の科学では解明されていない高い周波数のものです。むしろ神智学の世界では１００年以上も前から知られていたことです。

いずれにしても、目には見えない素粒子の世界。この素粒子の世界については本書で、般若心経(はんにゃしんきょう)を解くというかたちなどで紹介していますが、昔からわかる人にはわかっていた世界でもあります。

私たちはその真理にどこまで届くか、チャレンジあるのみです。

構成／リエゾン

装丁／冨澤崇
図版／エムアンドケイ
組版／キャップス
校正／広瀬泉／大戸毅

第2章　宇宙情報を受け取る

第3章 霊界とのコンタクトで教えられたこと

第4章 般若心経を量子論で読み解く

第5章　ヒューマンロードとは何か

第6章　宇宙のしくみを生かした農業

第7章　発酵の世界の不思議を極める

第8章　宇宙のしくみを生かした産業やビジネスで幸福を循環する

第1章

心と身体を幸せにする
農業と生命エネルギー

自衛隊を辞め、人生を方向転換

１９９１年12月、幹部自衛官だった私が40歳のとき、突如としてソ連が崩壊。まさかの、寝耳に水の事態に遭遇しました。長年対ソ訓練を続けてきたのですから、当時の喪失感は言葉に表せるものではありませんでした。

ところが、目を国内に転じると、20～30年後にどういうことが起きるのかが見えてきて、その深刻さには憂慮せざるを得ませんでした。私は団塊世代の１期生ですが、あと10年すればすべての団塊世代が後期高齢者になります。

団塊の世代は昭和22年から24年生まれまで合わせると約７００万人ですから、大変な時代を迎えます。そのとき国の社会保障費は今の状態でいけば１００兆円を超えます。今年度の一般会計が約１００兆円状態で、社会保障費が上積みされれば、国家予算は破産しかねません。国が破産すれば敗戦直後と同じ状況を招き、まず食糧難に陥るでしょう。

とはいえ、我が国の熟年者たちはバブルを形成して来た人たちでもあり、仕事能力が高く、やる気もあります。私はその人たちに農業に従事してもらいたい。そうでなくても、将来認知症の高齢者は700~900万人になると推定されています。これは隣国中国も同様で、今も高齢者が3億人いるなかで深刻な状況を抱えています。

そうした高齢化対策を進めるため、微力ながらも力になりたいと思い、私は自衛隊を辞めることにしました。1993年のことです。今思えば、天命だったかと思います。

自衛隊には国防のため精神と肉体を鍛えるつもりで入りましたが、将校としての能力をつけていただいたのも、国が多大な教育投資をしてくれたおかげです。自衛隊内にいれば直接侵略、間接侵略に対して任務が達成できますが、それよりもこの国が内から潰れていくことのほうが当時は恐ろしいと思いました。そして30年頑張れば、高齢社会の問題も何とかなるのではないかと思ったのです。

けれど、今対策を講じなければ日本は本当に潰れます。方策が見つからないため誰も本気になっていませんし、またその問題の大きさがみんなに見えていません。そこで私は自衛隊を辞めるときの挨拶文にこんな言葉を書きました。

「高齢化社会、半病人が多くなる社会にどう立ち向かって、何ができるかを模索しながら方向転換をする」

当時、その手紙をもらった人は、「こんな格好いいことを言って」と思ったかもしれませんが、私の思いはそのときから今もまったくぶれていません。そして今、超高齢社会は間近に迫っています。年金も減少しますから貯金も減り、貧困も増大するでしょう。その一方で、医療は先進医療が増え、保険診療と自由診療を混在させる混合診療を解禁する動きがあります。ということは自己負担額は明らかに増えます。そんななかで病院にかかれる人は限られるでしょう。医療難民と言われる人たちが出現するかもしれません。

どうしたらいいか。まず、毎日の食事を変え、病気にならないようにしなければなりません。外食、コンビニ弁当、レトルト食品に頼っていては、いつしか病に伏してしまいます。

治療家としての道

自衛隊を辞める前から私は、休みの日はあちこちに行って整体治療を学んでいました。まず骨盤調整で有名な五味雅吉さんのところに通い、１９９４年、私は富士の裾野で現代健康研究所を開きました。自衛隊の元同僚や後輩たちが大勢通ってきてくれ、１日50〜60人を治療する日々が続きました。

まったく異なる世界へ再出発したわけですから、普通ならそんなにうまくいくわけはありませんから、やはり目に見えない存在たちが応援していてくれていたと思います。そして、さまざまな人々との出会いが始まりました。

知人の紹介で真氣光を知り、奈良県の生駒で行われていた中川雅仁さんの講習会に参加しました。それがすばらしかったので、スタッフにも受けさせました。私が教えを受けたのは2代目でしたが、その氣はすばらしい宇宙のエネルギーでした。初代中川氏は夢のなかに白い髭（ひげ）のおじいさんが現れて、気功をやれと言われたそうです。そして病気を治すために彼が受け取っていた情報は、キリン座から来ていたことを後に知ります。真氣光では、正食も学びました。後に、この正食思想が私に大きな影響を与えていたことに気づきました。

独立したとは言え、もう少し一般の会社に入って勉強したいと思い、熱海の中銀ライフケアという高齢者専用のマンションの総支配人も務めました。その傍ら、夜間と休日に治療を行っていたのですが、患者が増え続けて体力的にも限界となり、そちらは2年で辞めざるを得ませんでした。

支配人時代は、年間5億円ほどの予算を動かしながら、多くの必要不可欠なことを学びました。なかでも厚生労働省発行の資料やデータに目を通すことができたのは今後のことを考える上で国の方針を知ることができ、たいへん役立ちました。

25年前、特養を別にして将来はすべて在宅介護になるという方針がすでに出されていました。また、社会もそのころから正社員からパートに切り替わっていき、今ではそれが社会の主流になっています。

日本には2つの医学会がありますが、私は日本医学協会の会員となり、会長だった川上立太郎先生にはたいへん可愛がっていただきました。そして現代健康研究所の顧問にもなっていただきました。

川上先生は東京帝国大学医学部を卒業されていますが、医療の基本は自然治癒力を高めることだと言い、薬や注射をいっさい使わず、温めたり冷やしたりすることで身体は反応して治るとおっしゃっていました。私は川上先生からそうした考えを教えていただき、今もそれを基本姿勢にしてヒーリングにあたっています。

治療家として、いろいろな技術やヒーリングにも取り組み、結果を出してきましたが、その一方で、難しい病気はどんどん増えてきています。ですから根本的にはやはり食事を正さなければ病気は減りません。食を正せば、細胞が変わる周期の2～3月で健康状態はガラリと変わります。私はそう考え、ヒーリングをする一方で、農業の研究を始めることにしたのです。

医農野菜の必要性を強く感じる

健康を維持するために、私はまず医農野菜が必要だと思いました。かつて北里柴三郎は「農は医なり」を提唱しました。けれど昭和30年代から日本の農業は化学肥料を使いだし、おかしくなりだしました。

私たちの寿命は、動物性たんぱく質をたくさん摂る食生活によって伸びましたが、その反面病気をする人も増えました。ですから食べることによって健康になる医農野菜、医と農の社会をきちんと構成していかないと、高齢者の健康は守ることはできません。病気が増えるなか、病院にかかることができなければ社会の大問題です。

私はブータンの農水省の大臣の発言のように、人間ばかりでなく、植物や動物、昆虫にも喜んでもらいたい、そういう思いで農業に取り組みました。その結果、いきついたアートテン農業は大自然農法であり、たくさんの虫やトンボ、カエルが集まってきます。

そんなにいろいろなものが集まったら、野菜やお米は虫食いだらけでしょと言いますが、違います。そこには虫同士の天敵がたくさん集まります。弱肉強食の世界というよりは、何かに食べられることで、命を役立てられることが喜びになるのです。そんな次元の高い世界が出来上がります。植物も、動物も、その生命を自分たちより意識の高い人間に心から提供する、それが彼らの喜びです。

ところが、人間はたくさんの農薬を使い、化学肥料を多用することによって、最も大切な本当の心を封印してしまいました。だからいいものができません。そして命の還元というシステムのなかで、自らの命の質もどんどん低めてきました。もちろん健康の質も低め、がんや難病が増えているのが現実です。本当に残念なことです。

人生を変えた2つの出来事

１９９５年10月19日、私は船井幸雄さんが主催されたフナイ・オープン・ワールドに参加したのですが、そこで出会った２つの出来事は、その後の私の人生を大きく変えました。ひとつは、藤原由浩さんから宇宙の話を聞いたことです。藤原由浩さんは北海道で農業をしているときＵＦＯに吸い上げられて以来、宇宙人からの連絡が密になり、これまで２５０回以上ＵＦＯに乗って、地球から25億光年離れたサモンコールという星に行った人です。サモンコールは地球文明とは８０００年の違いがあり、超高度な文明科学を持っているそうです（数年前にお会いしたときには、地球との文明差はさらに広がり8万年になったとおっしゃっていました）。

そこはまさに利他愛の世界で、お金は存在せず、平均寿命は地球時間で約２０００年、地球が早く宇宙愛に目覚めるよう指導に当たっているそうです。なぜなら今のままでは地球生命は崩壊しかねない。その原因は極端な物質主義と人的公害による自然破壊によるものだというのです。

その話はじつに衝撃的でした。私はもっと話を聞きたいと思い、係りの人に別の会場を設けてもらいました。そこで宇宙ではどんなものを食べたのか、聞いてみました。すると藤原さんはよくぞ聞いてくれたとばかり、それはこれまで食べたことのないおいしさだったと言いました。メロンのようでメロンでない、スイカのようでスイカでない、ピーチのようでピーチでない、それらがすべてミックスされたようなおいしさだったというのです。

そのとき東洋占星術でグルメの星を２つ持った私の心に火がつきました。いつかそれを食べたいと願うようになったのです。そこで私は自然農法に加え、おいしい食べ物を作りたいという新たな目標ができました。

もうひとつは、その会場にあったオーラー写真を撮ったことです。今はもっと優れたオーラー測定器が開発されていますが、そのとき私は初めてオーラー写真なるものに触れ、興味本位でその機械の上に片手を乗せ、自分のオーラーを見ました。そこには私の将来に対するメッセージも付いていました。そして、その言葉は、私に何かを自覚させるきっかけになったのです。

- あなたの前途は、ダイナミックで刺激的で創造的な将来が待っている。
- あなたは、創造的で個人的な計画に、頭から飛び込んでいく人生が待っていることを覚悟してください。
- あなたは、あなたに興味のあるところの計画を実行し、そして完成させていく自信と力がある。

それが何を言わんとしているのか、そのときはさっぱりわかりませんでした。ところが、それをきっかけに何かが変わり出したのです。そのメッセージは私の覚悟を問うたのです。

シュタイナー農法と出会う

次章で紹介するリロ・ミューラーさんは、私をオランダの農場に連れて行ってくれました。それはシュタイナー農法をするヤープ・バッカー博士の農場でした。太陰暦に基づいた農業暦を作り、種まきから収穫まで月や星の動きに従った有機農法でしたが、それはすばらしい農場でした。美しい花々が咲き乱れ、蝶が舞う世界が現出していました。

プロローグでも書きましたが、ヤープ博士に言われたことで忘れられなかったのは「日本はやがて遺伝子組み換えの実験場になるが、遺伝子組み換えは原爆より怖い」という言葉でした。しかし、そのときはまったく実感はありませんでした。私はその農場に5年間通い、農業に必要な基本的なことを学ばせていただきました。

また、ヤープ農場には、ヤープ・バッカー博士が考案した生命エネルギーを測定するすばらしい測定方法がありました。ヴォービスメーター（Bobis-Meter）と言い、単位はＢＵ（ヴォービスユニット）ですが、それが物質の持つ生命エネルギー量を測定します。博士はその評価基準を次のように示していました。

０～３０００ＢＵ　病気レベル
２０００～６５００ＢＵ　不健康レベル
６５００～７０００ＢＵ　自然レベル（有機農業・自然農業）
７０００～８０００ＢＵ　健康レベル
１３５００ＢＵ～　高エネルギーレベル

帰国後、その測定方法で測定してみますと、日本国内の平均的土壌エネルギーは５０００～６０００ＢＵでした。ということは生産される農作物は、土壌エネルギーの半分以下のエネルギーしか吸収できません。したがって通常生産されている野菜や果物などの含有エネルギーは、２０００～４０００ＢＵのものが多いのです。

私たちの肉体を作る野菜や果物は、安全でエネルギーの高いものでなければなりません。健康に保つために必要な生存（生命）エネルギーは７０００～８０００ＢＵですから、このエネルギー値をキープするためには８０００ＢＵ以上のものを私たちは食べる必要があります。

しかしながら、通常出回っている生産品のほとんどは２０００～５０００ＢＵ程度しかないのが実情です。こうした低エネルギー食品を食べ続ければ、身体の生命エネルギーは３０００ＢＵを下回り、やがて病気が発生します。

土壌エネルギーの低い所で生産され、なおかつ、農薬や化学肥料、遺伝子組み換え作物などの汚染によって作られた作物は、さらにエネルギーレベルが低下しています。

身土不二（しんどふじ）（土と身体は切り離せない）が表すように、私たちの身体は土の生命力や栄養、ミネラルで作られています。土が汚染されれば身体や精神が汚染され、健康は維持できなくなります。ミミズや昆虫、小動物、微生物など、さまざまな生物が豊かに育む（はぐく）生命力あふれる土によって、生命エネルギーがあふれる医食野菜が育ち、それらの高い生命エネルギーが、私たちの健康的な生命を維持してくれます。

このような生命エネルギーの測定方法と、その要領は、私の農業に対する価値観を大きく変えました。有機農業はヨーロッパで発祥し、古い歴史があります。私もここで木の枝から作る堆肥（たいひ）作りを学び、星の位置関係によって作付けを計画することを学び、さらに宇宙から微生物までの知識と壮大な自然観を学びましたが、それが今たいへん役立っています。

また、このヤープ農場で収穫される農産物は生命エネルギーがたいへん高く、とてもおいしいのです。ヴォービスメーターで測定すると、通常の有機栽培、自然農法が7000~8000BUのところ、ヤープ農場産は2万5000BU以上のエネルギー量がありました。まさにおいしさイコール高エネルギーだということです。

宇宙情報を入れたアートテン農業がスタート

そんななか、私の頭のなかに10桁の数字が降りてくるようになりました。素数でできたその数列を組み合わせることで、コンピュータが瞬時に動き出すように、それが宇宙情報であることがわかりました。宇宙の情報は数字でできていて、それは素粒子を超えた始原粒子を指し示していました。カミオカンデで発見されたニュートリノは10^{-15}という大きさの素粒子であり、神の粒子とも言われるヒッグス粒子は10^{-21}ですが、私が受けたものは10^{-20}から10^{-90}という超微粒子で、科学的に証明されるにはまだまだ先のことになると思います。

農業に必要な何十種類（水田用は600種類）もの宇宙情報を入れたセラミックやカードを作り、畑の四隅に埋めることでアートテン農業はスタートしました。そこには土壌に必要なものを取り入れ、不必要なものを除去する情報が埋め込まれています。その結果、気候や害虫に影響を受けず、しかもかつて藤原さんから聞いたようなおいしい作物が穫れるのです。

そうした農法をアートテン農業と名付けたのは、かつて陶芸家であり料理人だった私の敬愛する北大路魯山人（きたおおじろさんじん）が、自然の味こそ天が作る芸術作品だとして「天味」という言葉を使っていました。本当においしいものは天の味なのです。私はそこから、おいしいものを作る大自然農法を「アートテン」と名付けました。

実際に、この農法を実践してみると、すばらしい結果が出ました。そこで口コミで進め、実践者を増やしていきました。すると希望者がどんどん増えてきましたので、この農法に関心を持ってくれた人には、まず応募書を書いてもらうことにしました。農業に携わっている動機、そしてアートテンに関心を持った経緯や理由、抱負などを書いてもらい、納得がいけば、これまで無料で指導をしてきました。

なぜならこの農業に必要なのは、それに従事する方の人柄と真心（正直なもの作りの心）だからです。なぜ思いが大事になるのかは、これからじっくり説明していきたいと思います。

農薬、化学肥料に影響されないアートテン

アートテンの食材のいいところは、生命エネルギーが極めて高いことです。それから農薬の残留度が極めて少ないこと。それと日本ではあまり気にされていませんが、硝酸態窒素の数値が低いことです。この硝酸態窒素という劇薬が日本ではまったく規制のない状態ですが、日本以外の先進国では知らない人がいないほど発がん物質として有名です。これを警告しているのが青森リンゴ農家の木村秋則さんで、著書『地球に生まれたあなたが今すぐしなくてはならないこと』のなかでも警告されています。農薬だけでなく、この硝酸態窒素の害も注目する必要があります。

アートテンの作物には農薬や硝酸態窒素の残留がほとんどありません。これは農家に送ってもらったものを随時検査場に送って調べてもらっていますので、その検査結果です。

硝酸態窒素の毒性で起きる病気にどんなものがあるかを専門家に聞きますと、腎臓、膵臓疾患、甲状腺疾患、糖尿病、慢性透析疾患、アトピー性皮膚炎、リウマチ、痛風、アルツハイマー病など、あらゆる生活習慣病の根本原因が、それによって作られていることが

使用農薬の残留検査

受付番号　12002878-001
報告日　2012年5月25日

試験結果報告書

有限会社 現代健康研究所　殿

株式会社
つくば分析センター
Tsukuba Analysis Center
TAC　ISO/IEC17025 認定試験所
〒305-0047 茨城県つくば市千現2丁目1-6
TEL. 029(858)3100 / FAX. 029(858)3106
計量証明事業登録(濃度)　茨城県第70号
試験報告書署名者　土橋 幸司

受付年月日　2012年5月18日
検体の名称　山梨県南アルプス市 深澤農園産 キューリ

御依頼のありました検体について、試験検査を行った結果を下記の通り御報告いたします。

	試験項目	試験結果 (ppm)	定量下限値 (ppm)	基準値 (ppm)
1	シモキサニル	検出せず	0.1	2
2	ファモキサドン	検出せず	0.1	2
3	イミノクタジン	検出せず	0.03	0.3
4	カルベンダジム/チオファネート/チオファネートメチル/ベノミル	検出せず	0.1	3
5	1,3-ジクロロプロペン	検出せず	0.01	―
6	アゾキシストロビン	検出せず	0.1	1
	―以下余白―			

備考
試験方法：平成17年1月24日食安発第0124001号「食品に残留する農薬、飼料添加物又は動物用医薬品の成分である物質の試験法」による。
残留基準：きゅうり　注)合否の判断に際しましては官報等をご確認下さい。
※試験結果の「検出せず」は定量下限値未満を示します。

P. 1/1

試験結果は、供与された試料についての結果であり、当該試料の母集団を保証もしくは認証するものではございません。本報告書を他に掲載するときは当社の承認を受けて下さい。

わかります。

けれど、日本では、硝酸態窒素濃度の低い野菜を生産できる農家は皆無に近いのです。規制が野放し状態だからです。それが入っているか否かは口に入れればその風味でもわかります。特徴としては苦味、えぐみ、風味がない、おいしくない、などが挙げられます。

とうもろこしはネオニコチノイドといって、種に農薬をコーティングしているものが増えています。そういう種は従来の種と違って、赤い不気味な色をしています。そうしたとうもろこしには農薬を不散布と表示されていますが、それは農薬を使う必要がないからです。とうもろこしのすべてが農薬漬けになっているのが現状です。そういうことを知らないで、農薬不散布といって安心するのは大きな間違いです。

今の栄養学はカロリー計算ばかりで根本的な対処法ではありません。本来はその食物が持つ生命エネルギーこそが重要です。生命エネルギーとは、生命体を生み出す根源のエネルギーであり、生命体を生かし、生命体としての活動を可能にしているエネルギーのことです。本来は私たちが生命活動をするのに、高い生命エネルギーの食物をいただくことが大切なのですが、その食物が農薬や硝酸態窒素でそのエネルギーを低められていることが大きな問題です。

アートテン農業が難しい側面もあります。それは作る人の意識に作用されてしまうことです。いい物を作ろうと一生懸命努力している人にはいい結果をもたらしますが、結果だけを気にしている人、あまり世話をしない人にはいい結果が出ません。さらに花咲じいさんのような心根の人柄こそ、本物を作ることができます。これは直接ご本人にお話しすることもできず、その点はじつは困りものです。自ら気づいてもらうのがいちばんです。

生命エネルギーの高いアートテン

私たちは本来、高い生命エネルギーを持って生まれても、毎日エネルギーの低い食物を食べていれば、生命エネルギーはどんどん低下していくと言いました。

生命エネルギーの高い食物の特性にはどんな特徴があるでしょうか。

① 果肉の密度が密でみずみずしく、しっかりしている
② 重量感があり包丁を入れたときの感触がまったく違う
③ 身体が温かくなり、口のなかでエネルギーが爆発したような感じがする

④　細胞や魂を巻き込んだ幸せ感を感じる
⑤　身体がしっかり記憶するので何度でも食べたくなる
⑥　抗酸化力と活性酸素除去力が大きいので、もちが良く、日と共に熟成度が高くなる
⑦　自然の旨さに慣れると、化学的味を好まなくなる

キャベツに包丁を入れるとバリバリと音がしますし、大根に包丁を入れればバリッと自然に割れるほど、果肉の密度が濃いです。私は生命エネルギーで言えば、３０００ＢＵ以上でなければアートテン作物と認定していません。

では、アートテン作物がどれほどの生命エネルギーを持っているか測定してみると、驚くべき数値が出ました。

キャベツ　８２４８０ＢＵ
レンコン　２３８７００ＢＵ
トマト　９４８００ＢＵ
梨（あかつき）　８９４８０ＢＵ

甘甘燦燦　107640BU

農業の現状とアートテン農業

今、日本の農業は、通常の生産量が落ちて6割くらいになっています。野菜のなかには種類によっては全滅しているところもたくさんあります。それは気候不順が主な原因です。お米をとってみても1等米が少なくなり、食味検査ではほとんどが2等米です。胴割れといってヒビが入るなど品質が落ちているものが少なくありません。そういうお米はやはりおいしくありません。

なぜかというと、天候が不順なので経験が生きていないからです。これまでお百姓さんは20年、30年の経験を積むことによって、おいしいお米を作るには何が大切かを知っていました。なかでも大事なのは水の管理です。天候気象によって水の管理がまったく異なります。ですから昔のお百姓さんは夜中や早朝、田んぼを見に行っていました。それはお天道様の様子を見ながら、水を引いて乾かしたり満タンにしたりと機微に微調整を行っていたのです。

ところが昨今はどうでしょう。一昨日は真夏日、昨日は真冬日、今日は大雨と、毎年、そして毎日、天候が異なります。天候が読めないので、これまでの経験がまったく役に立たなくなっています。

ところが、アメリカの農業は、水の管理も含めてすべてコンピュータ管理をしています。そうするとその情報量で常に対策が立ちます。お任せ状態で、おいしいお米が穫れますから、カリフォルニア米はそれなりにおいしいのです。新潟のお米はこのままでは太刀打ちできなくなっていくでしょう。カリフォルニア米は、炊き方によってさらにおいしくなります。

アートテン農業は、太陽系の惑星や銀河宇宙の星座群などの星から情報を得て、それをデジタル暗号としてカードに入力し、耕作地に埋設して使用しています。そこにはコンピュータ管理を上回る天候不順や、自然災害に対応できる情報を入れて対処しています。そういった意味では、アートテン・テクノロジーは宇宙化時代の最先端技術のひとつです。その目的は、安心して食べられるおいしいお米が無事に育ってくれることです。

これからは宇宙化時代になります。いかに宇宙の情報を取り入れていくかによって技術は大変化します。最近、私も驚いたことがあります。それは、宇宙技術を使った繊維業界の取組です。プラネタリウムの真下のある場所に繊維を置くことで、繊維から汗臭さ、加齢臭を除去する布が出来上がるのです。繊維業界もカーボンから一歩進んで、こうした宇宙情報を利用し始めています。それはまさに宇宙化時代の宇宙情報を利用したものです。

今後、ＴＴＰが入ってくれば日本の農業界は乱れるでしょう。また農業に従事する人たちが激減するでしょう。つい最近まで農業人口は２００万人でしたが、５年先には１００万人を切ると言われています。それにＴＰＰがさらに打撃を与えるでしょう。また激しい気象の変化によって作物が穫れなくなれば、食糧危機が訪れます。

最近、人類滅亡説などが浮上していますが、その最初の原因とされているのは、「激しい天候気象で起きる食糧危機」です。そういう事態はなんとしても避けなければなりません。私はこの難しい壁をなんなく乗り越えるため、さらなる努力が必要だと自覚しています。

アートテン化された地域はゼロ磁場地帯と同様の力があります。そのエネルギーはトーラスを構成します。トーラスは土地の上にドームのようにかかり、同様に土地の下にもできます。

先日、長野県のゼロ磁場地帯に行ってきました。そこは諏訪（すわ）大社の北、中央構造線（香取・鹿島神社を出発点にして諏訪神社を通り伊勢神宮、弊立（へいたて）神宮に抜ける）に糸魚川構造線が交わり、4つのプレートが交わっている地です。諏訪湖の神渡り現象が起きるのも不思議ではありません。

そこに生えていたヨモギやワラビを食べてみましたが、とてもおいしかったです。苦味もえぐみもアクも感じられませんでした。ワラビはアートテンのものと同様に生でそのまま食べられました。

自然界にアートテン世界と同じ状態が確認されたことで、私はアートテン・テクノロジーが確かなものであることを改めて確認することができました。

シンガポールでアートテン農業がスタートする

5年前にアートテンの技術を世界に広げようと思い立ちました。そして選んだのが、これから世界の経済の中心地となるシンガポールでした。それからシンガポール政府と交渉して、こんなにいい技術があるからぜひ紹介したいと言いましたら、「これまで、そういう話に何度も騙（だま）された。あなたたちはその技術に対して論文やデータがありますか」と聞かれました。「論文やデータはありませんが、1カ月で実証してみせます。データは実証データで行きます」と言いましたら、では、まず、自分たちがやっている有機農法の実験農場があるからそこでやってみてはという話になりました。

アートテンを設置してから1カ月後、再び様子を見に行くと、小松菜の虫食いはまったくありませんでした。

さらに、お金持ちが多いので鯉を養殖しているのですが、それも政府が援助していて、そこでもやってみてはと言われました。行ってみると、鯉は水道水は高いので河川の水で養殖されていました。その水は濁っていて臭いもかなり強いのです。当然ながらアオコも繁殖していました。ところが、そこにアートテンをすると、臭いは消えて水も澄み、鯉はたちまち元気になりました。それでたいへん驚かれました。

その実験農場で作業をしているときに、ある社長が来場されていて、私に会いたいと言われました。じつは、農場はシンガポール政府のものでしたが、そこを実際に管理していたのはサリムグループでした。6年かけて世界の有機を研究した結果、ほとんどが偽物だというのがその結論でした。隠れて農薬を使い、本物の有機はあるのだろうかと疑問を持ち、その研究をもうやめようかと思っていたところに、私がやってきたというのです。

オーナーが会いたいと言っていると言われましたが、私は帰国予定が迫っており、また連絡しますと言って、そのときは帰国しました。その会社がどれほどビッグな会社であるのか、そのときはまだ知りませんでした。後から聞いた話によれば、そのオーナーに1分間面接するのに多くの人が数年待っているということでした。再催促があり、ようやくオーナーとの接見が実現しました。

本社に行ってさらに驚きました。サリムさんは普段秒刻みで動かれているにもかかわらず、初対面の私のために1時間の時間を取ってくれていたのです。それは奇跡だと周囲の人に言われました。私と話をしている間にも、彼は次々と次の面会をキャンセルしているのを見て、これはただごとではないと、さすがの私も気づきました。

その面会日の2日前から、彼の側近が彼の所有する東洋一の会社を次々と案内してくれました。その間も私たちの行動を撮影しながらチェックしています。そんなふうに私の反応を観察しながら情報を精査する体制にも驚きました。さすがに東洋一の会社です。

お会いしたご本人もすばらしい方でした。アートテンの技術を体験してもらい、その説明をしましたが、よく理解していただきました。そして自分の舌は世界一だと自負されていました。英国留学時代に食味の学校にも通ったそうで、その舌は誰にも負けないというのです。その彼の目の前で、サリムグループが作っているラーメンの味を変えてしまったアートテンの技術に心動かされたのです。多忙な日々のなかで身体も疲れていましたから、治療もして差し上げました。

その後、養豚場もアートテン化しました。シンガポールで出される豚肉のほとんどがそこで賄われています。あるとき、どうしても病気で亡くなる豚を減らすために慰霊碑を建てました。ウイルス感染で死亡率が49パーセントになりましたが、鎮魂の慰霊碑を建設すると、その死亡率が18パーセントに激減。私はそれをシンボル的な意味で建てたのですが、その激減ぶりを見た現地のスタッフは、できればもうひとつ石碑を作ってほしいと私に言いました。2つ作れば、4分の1になると思ったようです。しかし、10パーセント以下を目指しています。何十億の霊がたむろしているだけで、水やエサにも影響しますし、とくに子豚はウイルスに感染しやすいので確かに効果があります。

アートテンの豚は、生命循環に従いますから、と畜場に行くときも整然と整列します。そうした肉はさっぱりしていて柔らかく、獣臭さがありません。シンガポールに行ったら、ぜひ豚肉を食べてみてください。

シンガポールに最初に行ったのが２０１２年の５月で、６月下旬にサリムさんとお会いし、それから毎月シンガポール通いが始まりました。その年の10月には、私の会社とサリムグループが一緒に事業を進めることになり、その調印式を箱根のホテルですることになりました。

サリムグループがその調印式を相手側ですることは異例だそうです。調印式の日は、ちょうどサリムさんの還暦の誕生日でもあり、そのお祝いも一緒にさせていただきました。

その式をすべて進行したのは弱冠21歳のうちのスタッフ。サリムさんの隣に終始座って何も指示をしていない私を見て、誰が指揮しているのかサリムさんは観察していたのでしょう。最後に彼を呼んで、その労をねぎらってくれました。その観察眼は、まさに一流の経営者教育を受けたリーダーです。それまでサリムさんの周辺は年配者が取り囲んでいましたが、最近は若い人の姿も見られるようになりました。いいと思うことはすぐに取り入れます。

２０１４年からはジャングルを切り開き、２年間で４２０棟のハウスを作って野菜栽培を始めました。周囲は赤土ですからジャングルから腐葉土を採取して畝(うね)に入れました。その結果、20～30日で12種類のオーガニックの野菜を収穫しています。循環型オーガニック農業を目指し、順調に成果を上げています。もちろん市場はシンガポールです。

家庭菜園、自家菜園を全国に広める

18年経ち、おかげさまでアートテン農業の従事者は全国に増えてきましたので、2014年からいよいよ定年になった人たちに家庭菜園、自給菜園、自家菜園を全国に広める運動をスタートさせました。そのためにアートテン一般社団法人技術普及協会を設立しました。アートテンの技術を使うと、どんな休耕地や放棄地であっても、通常5～10年かかるところが1～2年で元に戻ります。極端に言えばその年から作物ができます。

それを全国的に広めるためには、指導員を1万人養成する必要があり、夏には千葉の木更津で第1回目の講習会がスタートしました。まずは100人の農業指導者を育てなければなりません。木更津は本部道場の研修センターでもありますが、それを今後は各都道府県に作っていきたいと考えています。

将来の問題のひとつに過疎地の増加があります。高齢化と少子化で30年後の日本の人口は9000万人を割るでしょう。極端に言えば、市町村が1200消滅するとも言われます。確実に消滅するのは半分としても、それは震災後の福島と同じ状態です。集落がぽつんぽつんと点在するなら、行政のインフラのサービスも行き届きません。人口が激減すれば、さまざまな問題が出てきます。ゴミ収集だって定期的にはできません。こんな便利な時代に暮らしている私たちがそうした不便さにどこまで順応できるか、ひじょうに難しい時代になります。

国土交通省は30年後の国作り案を発表していますが、それをハードとするなら、私が高齢化対策として今取り組んでいるのは具体的なソフトです。高齢者住宅を含んだ住宅の周りに自家・自給家庭菜園を作り、効率よく地産地消を進めていきたいのです。国の将来ビジョンに合致しながら総合的に考えるなら、今やらなければなりません。あと10年しかありませんが、まだ10年あります。私はすでに20年やってきていますから、残りの10年で完成させるために組織を設立しました。それがアートテン技術普及協会です。

そこには栄養管理センターを作り、高齢者が自分で作った野菜を持ち込むと、そこにいる料理人が、その野菜を使って食事を作ってくれます。就農が苦手な人には食事作りを手伝ってもらい、高齢者の農業者には、自分の作った野菜を2食分を提供してもらいます。

そのうちの1食は食事の必要な子どもたちに提供したいのです。今シングル家庭の子どもたちが増えています。その人たちの年収は180万円以下と言われ、さらに120万円以下の人もいます。ということは満足に1日1食の食事が摂れていません。学校もろくろく行けない状態です。栄養が行き届かないと、脳の発達が遅れ、将来犯罪にも走りやすくなります。これは絶対に防がなければなりません。

また満足に食べられていない両親のいない児童もいるでしょう。親の虐待などで国の施設に収容されている子どもたちも約3万人と少なくありません。その子どもたちは全国にある500施設に入っています。私たちはこうした施設にアートテン農業野菜を届け、とにかく心身にいいものを食べてもらいたいと考えています。

そのために私は災害遺児を含めた、財団法人子どもの未来支援機構を設立して動き始めています。

宇宙化時代の量子農業

10のマイナス何乗という世界を、リロさんに下げ止まりはあるのかどうか聞きました。その答えは「あると思えばある、ないと思えばない」でした。まさに量子力学の世界です。

今世界が注目しているヒッグス粒子は10^{-21}〜10^{-23}の世界ですが、これから最少の単位までいけばマイナス68乗です。それはすごく離れているのかと言えばそうではありません。そこに深い溝があるだけです。ここをなかなか渡れません。近くても渡れない、そういう関係です。

ではマイナス１０００乗といえば、遥か遠くかと言ったら、それもそうではありません。ひも理論というのがあります。たとえば円周率ですが、どんどん小さくなっていくとその形は、すり鉢状、螺旋（らせん）状にどんどん小さくなって、それはタコのヒモのようになっていきます。ですからひも理論といいます。

それは永遠に繋（つな）がっていますが、上から見るとひとつに見えます。始原子もそれと同じでヒモのように繋がっています。その世界は見える人にしか見えません。

今の物理学者は見える世界しか見ていません。10億分の１の世界は、電子顕微鏡で見える世界でしか見ないのです。けれど、今は10億分の１より小さい細菌やウイルスが出てきていますから、医学はそれに対処できません。症状としてはウイルスだとわかるのですが、それを実際にとらえることはできません。

ですから見えない世界を否定すると、次の発展がありません。じつは見える世界は見えない世界から作られています。私はそれが10^{-20}なのか10^{-30}なのかわかりますし、それを消去する形状を星座からの情報で得られます。

私が取り組んでいるヒーリングは、いわば量子医学であり、私がやっている農業は量子農業だという人もいます。今はそういう宇宙スケールの時代です。そうした医療には薬も注射もいりません。

空間には何もないように思われていますが、じつはダークマターとダークエネルギーで宇宙の質量の96パーセントを占めています。たとえば、空を見上げると、真っ黒になるほど群れをなして飛ぶ鳥を見ることがありますが、その無数の鳥たちはぶつかって落ちることがありません。それも空間にエネルギーという情報がなければ説明することはできません。同様に、宇宙にあれほどの星があってもぶつかったりすることはありません。それもまた空間にあるエネルギーが作用しているからです。その空間に自分の意識を繋げれば、自分の思い通りになるのです。

そのダークエネルギーが何でできているか、それが今注目されています。地上のことはほとんど解明されていますから、これからは宇宙、天体の謎を紐解くことが必要になるでしょう。

産業もあらゆる開発にチャレンジしていますが、繊維業界でも先ほど紹介したように宇宙エネルギーを使って繊維に必要な情報を入れ始めています。これからの最先端技術は、宇宙時代に即した技術で成り立っていくでしょう。

私は関英男さんの本から宇宙との交信方法を学びましたが、そのなかで関英男さんはこう言っています。

「宇宙が偉大だということを本当に、透明になるほど信じなさい」

私は本当に、透明になるほど、そのことを信じました。私は岩手の山のなかで生まれて育ち、家も学校も放任主義でしたから、いつも山や川で遊んでいました。人間としての大事な部分、信じる力は、そうした大自然のなかで培われるのかもしれません。

第2章

宇宙情報を受け取る

神霊治療のはじまり

ある日、真氣光のショールームで伊地百合子さんという不思議な女性に声をかけられました。宇宙人（アメリカに墜落したＵＦＯに乗っていた）に憑依（ひょうい）されたと言われる彼女はただならぬセンサーを持っています。その伊知地さんが私に紹介したい人がいると言って、ドイツ人のリロ・ミューラーさんをドイツから呼んでくれました。

そのリロさんが来日する直前、私の自宅にイギリスの映画会社からイルカのポスターが送られてきました。まずイルカが挨拶に来たのです。

お会いしたリロさんは、私の身体のエネルギー体に、砲弾の破片と火薬がいっぱい詰まっていますが、なぜですかと聞きました。私は自衛隊時代、射撃の教官をしていましたから、何十万発も撃つ砲弾の側にいました。そんなことを知らないリロさんは不思議に思ったのでしょう。彼女はヒーリングでそれをきれいにはずしてくれました。

そのことで私は、自衛隊員の平均寿命が64歳と言われていることに初めて納得がいきました。見えないエネルギー体が息苦しくなると、実際の肉体も弱り、寿命に影響を与えるのでしょう。

また、リロさんが自宅に見えたとき、私は下田にあった真氣光の研修センターにお連れして、そこで彼女のセミナーを受講しました。その建物は波動研究家の足立郁郎さんが建てたもので、不思議な形をしていてUFOが集まるとも言われていました。

その研修中にリロさんは、宇宙情報を降ろされていた初代中川雅仁さんをその場に降ろし、中川さんの能力をここにいる1人の人に授けるといい、気づいたら私の前に立っていました。驚きましたが、その日から私は、中川雅仁さんが生前されていた神霊治療ができるようになりました。第1章で書いたあのキリン座の白い髭のおじいさんと繋がることができたのです。

またリロさんは私をドイツに呼んで、ヨーロッパのさまざまな霊能者に会う機会を作ってくれました。そのひとりヨマンダさんは、ヨーロッパでは有名な神霊治療家ですが、彼女のヒーリング会場に初めて行ったとき、「日本人はこのセッションが終わっても残っていてください」と言われ、そのとき一緒だった寺山心一翁さんと私はそこに残って名刺交換をしました。

1998年には、スイスで毎年開催されているフィンドクールベ（人間宝探し）に招待されました。その会場では稀有な能力を所持している人たちが次々と、その能力や技術をそこに集まった人たちに向けて開示するのですが、参加者たちはじつに目が肥えた強者ばかりで、面白くないとさっさと帰ってしまうらしく、終わりまで残る人はほとんどいないということを聞いていました。そこで私はさまざまな波形でヒーリングする技術を紹介しますと、みんな強い関心を持ってくれて、誰ひとり途中で退席する人はいませんでした。そのスイスでヨマンダさんとも再会しました。

スイス滞在初日の夜、ヨマンダさんのプレゼント交換のイベントがあり、参加者はそれぞれプレゼントを用意していました。そのなかからヨマンダさんがひとつずつ選びとり、それにふさわしい人に手渡しながらメッセージを降ろしてくれました。

いちばん最後に私のところに来たのは、日本絵が描かれた風呂敷でした。ヨマンダさんは「あなたは絵を描くのが得意ですか」と聞きました。私は「いいえ」と答えましたが、彼女は私に「あなたは近い将来、絵を描いて、それを人のために使います」と言いました。それは私にとって信じがたいことでした。なにしろ絵と言えば、「へのへのもへじ」くらいしか描いたことがなかったからです。

ところが、スイスに滞在中になぜか教会に行きたくなりました。古い教会に連れて行ってもらうと、教会の天井に飾られたステンドグラスが目に入り、強く心を惹かれました。これはただものではないと直感し、宇宙から何らかの情報を受け取った人が、それを美しい幾何学模様として創ったのだと思いました。そんなステンドグラスに彩られている教会は、すばらしいエネルギーを放っていたのです。その後、ドイツ、フランスの有名な教会のステンドグラスを見学に出かけました。

帰国する飛行機のなかで、なんと私は絵を描いていました。ヨマンダさんの予言は的中したのです。その最初の絵は、一筆書きのように波形とイルカ、数字、アルファベットが組み合わされていました。

オランダで神霊治療を行う

その後、リロさんと一緒にヨマンダさんが来日した際、伊地さんが私に「先生、オランダに行ってください。あの人たちは自分たちが一番だと思っていますが、けっしてそうではありません」と言いました。

それは彼女についている宇宙人の言葉だと思いますが、私はヒーリングの世界ではまさに駆け出しで、そんな力も経験もありませんから、もちろん断りました。けれど、そのとき彼女は「行くことになります」と予言したのです。

その翌年、リロさんとオランダにあるヨマンダさんの公開ヒーリング会場に行くことになりました。その会場で「トミオ」と、私は突然名前を呼ばれて壇上に上げられ、ヒーリングをすることになりました。一瞬どうしていいかわかりませんでしたが、ただ自分がアンテナになってそこに立っていると、必要なチャンネルに私の意識が合い、それを通して必要な情報が降ろされてきました。そのまま治療が始まり、私が手を振ると憑依霊は次々と上がっていきました。

スタッフがその様子をビデオで撮影していたので、後でそれを見ると、患者さんの身体から小さな光の玉が出て行くのがはっきりと見て取れました。それまで悶(もだ)えていた患者さんもすっきりとした表情に戻っています。

ヨマンダさんは世界中でそうした神霊治療を行っていましたが、一方、私はまったく無名でありヒーラーとしても駆け出しでした。ただ人にできることは自分にもできるという思いがいつもあったので、指名されて壇上に上がったときも動じることなく、やってみたらできたのです。それがまたヨマンダさんを驚かせたようです。

その翌日、今度はヨマンダさんからヒーリングをしてほしいと頼まれました。その理由を聞くと、私にヒーリングをさせている神霊は、ヨマンダさんがふだん降ろされている神霊と同じなので、安心だからだと言いました。

そんなふうにして、しばらくは年に数回オランダに通いました。そこで私は、さまざまな霊能力の世界を知ることで、それまで気づいていなかった能力が引き出され、鍛えられていきました。

神霊治療家と言えば、イギリスのハリー・エドワーズ氏が有名です。彼は霊的治療のことを、彼の著書『霊的治療の解明』のなかで、以下のように述べています。

「治療の能力は、免状や叙階や白衣を身につけることによって与えられるものではありません。それは能力を持った人が、このよき力の知的管理者である霊と波長を合わせることによってはじめて機能するものであり、その霊とは霊界における神の治療伝道者としての霊人なのです」

さらに、彼は言っています。

「治療力は物理的な力ではありません。それは霊界からやってくるものです。このことは唯物論的人生観に浸りきった人々にとって、挑戦的な事実です。つまりこのことこそ、現代の科学的な時代にあって、人々に霊魂の実在することを如実に教えるものなのです」と。

超能力、霊能力は、使う人によってそれぞれ違います。リロさんは私ができることをすごいと感心しますが、私はリロさんが持っているさまざまなものを透視したり、人の脳や身体の微細なところに入ってきてそれを確認するようなすばらしい能力はありません。けれどお互いに協力し合えば、さまざまなことが明らかになり、その可能性が広がります。

プレアデス星団から一緒に来たリロさん

ドイツには霊能者や超能力者がたくさんいて、リロさんと私はプレアデス星団から一緒に来た姉弟であったと教えてくれる人がいました。私と彼女は誕生日が1カ月違いで、過去生では日本でも一緒だったことがあるようです。そのときもやはり姉弟で、私たちは京都のお寺で修行していたといいます。

彼女がいたのはたぬき（山）寺で、京都のほとんどのタクシーがそこの交通安全のステッカーを貼っているほど有名なお寺です。私の修行した極楽寺はすでに廃寺になっていいますが、檀家（だんか）たちがその墓を守っていました。そこを歩いているとき突然、平岡と書かれた墓標の前で私の足が止まりました。リロさんも同じようにそこで足が止まって動けなかったそうです。

じつは私は、若い時に自衛隊で三島由紀夫さんと寝食を共にしていたことがありますが、前世で、三島由紀夫さん、リロさんと共にそこにいたらしいことがわかりました。三島由紀夫さんの本名は平岡公威（ひらおかきみたけ）といいますが、三島に降りたときにその地名を苗字として付け、そこから富士山の雪を仰ぎ見たことから、由紀夫と付けたのだ、とご本人から聞いたことがあります。私はその三島由紀夫さんにたいへん可愛がっていただいたのですが、それも過去生からのご縁だったということがわかりました。

リロさんと私は、ドイツと日本と遠く離れているにもかかわらず、やっていることはいつも同じで、お互いにそのシンクロに驚いたものです。やはり、本当に同じ星から来た姉弟だったのかもしれません。

数字は宇宙情報伝達手段

そのころから私に8~11桁の数字が降りてくるようになりました。それは宇宙情報センターからの情報だということがわかり、やがてその意味も判読できるようになりました。数字は脳の尾状核（びじょうかく）というところで言葉に変換されます。

それはけっして特別なことではなく、誰でもふだん無意識にやっていることです。私たちがいつも会話している言葉は音（周波数）として耳に届き、それを脳で言語に変換してその意味を受け取っているのですから。

やがて私は星々が持っているそれぞれの情報にもアクセスできるようになりました。在藤泰秀さんの星座表がきっかけでした。

宇宙情報は数字で表現されています。宇宙の創造主は、宇宙の法則やしくみを作り、それを数字で動かしているのです。地球の公転や自転、月の満ち欠けやあらゆる生命体の働きは、規則的なリズムを持ち、一定の周期で動いています。私たちはそうしたリズムのなかで生かされており、そのリズムもまた数字で構成されています。

かつて天文学者のガリレオ・ガレリーは、「宇宙は数学でできている。宇宙という書物は数学という言葉で書かれている」と言っていますし、数学者ピタゴラスは「数によって宇宙の森羅万象を解釈できる」と言っています。

私が通信に使用する数字は円周率や素数、フィボナッチ数列です。素数とは自分と１以外で絶対に割れない数字のことです。たとえば３や５も自分と１以外では割れません。１、３、５、７、11、13……などという数字です。すべての暗号はこの素数で作られています。それらはスーパーコンピュータでも解析できません。そのコンピュータも０と１の組み合わせからできています。

またフィボナッチ数というのは、隣りあっている数字を加えると次の数字になるもので、これをフィボナッチ数列といいます。１、２、３、５、８、13、21、34、55、89……と続いていきます。

素数は１００までに25個ありますが、フィボナッチ数は10個しかありません。またフィボナッチ数列は自然界に多く現れている数列でもあります。自然界を支配しているのが、この数列といってもいいようです。

たとえばパイナップルのダイヤ形模様は、どれも螺旋(らせん)状に並んでいます。左回りの場合

パイナップルのダイヤ形模様は
どれも螺旋状に並んでいる

左回りの場合 8列　　右回りの場合 13列

は8列ですが、右回りの場合13列です。松かさは左回りは5ですが、右回りは8、ひまわりの種も螺旋状に並び、左回りは34個ですが、右回りは55個です。ヒナギクの花も右回りに数えると、小さな花が21個、左巻きに数えると34個あります。カリフラワーも同様に、左回りの場合は5房ありますが、右回りの場合には8房あります。

こんなふうにフィボナッチ数列は自然界でよく目にする、自然界を創っている数列でもあります。

私の天体通信方法

では、アートテン・テクノロジーはそうした数字をどのように使っているか、ご紹介しましょう。

1　まず、調べる項目を決定します
2　その項目を脳の尾状核で電位信号に変換します
3　星座支局へアクセスして、情報を得ます
4　尾状核で電位信号を認識できる情報に変換します

具体的には、まず「抗酸化力」の情報が欲しいと誘導します。そうすると大脳の下にある尾状核でそれを数字文字に変換し、星座支局に送ります。すると宇宙情報総合センターが電話交換台のように、銀河系宇宙情報センターに繋いでくれ、抗酸化力の情報なら双子座支局だと情報の出所を教えてくれます。さらに詳細なものは双子座のβ星（ポルックス）

が情報源だと教えてくれますので、そこにアクセスします。

一度、双子座のβ星とアクセスすると、次回からは電話のリダイヤルのように直接アクセスすることができます。その情報は再び尾状核で大脳が認識できる情報、言語や数字、色、周波数などに変換されます。

膨大な宇宙は、それぞれが役割分担をして情報を保有しています。それを百科事典のように総合整理しているのが宇宙であり、また宇宙神です。巨大なスーパーコンピュータと言ってもいいでしょう。私はその宇宙情報システムのなかから必要な情報を得ています。

たとえば硝酸態窒素や農薬に対する情報はどういうふうに取るかと言いますと、「硝酸態窒素を消す」情報は5カ所にあることがわかります。牡牛座（41番）、世界人類の座（35番）、21世紀黎明座（14番）、彫刻室座（58番）、ピアノ調律座（113番）ですが、その5カ所全部にアクセスして情報を集めます。

また「農薬類除去」の情報は4カ所にあります。南の冠座（16番）、画架座（18番）、カシオペア座（95番）、上妻クミの座（15番）ですが、そこに通信をして情報をもらいます。

こんなふうにしてさまざまな星座から情報を得て、その情報を形、色に分析して曼荼羅（まんだら）図を作ります。それがアートテンの波形カードです。曼荼羅カードと言ってもいいでしょ

宇宙との通信

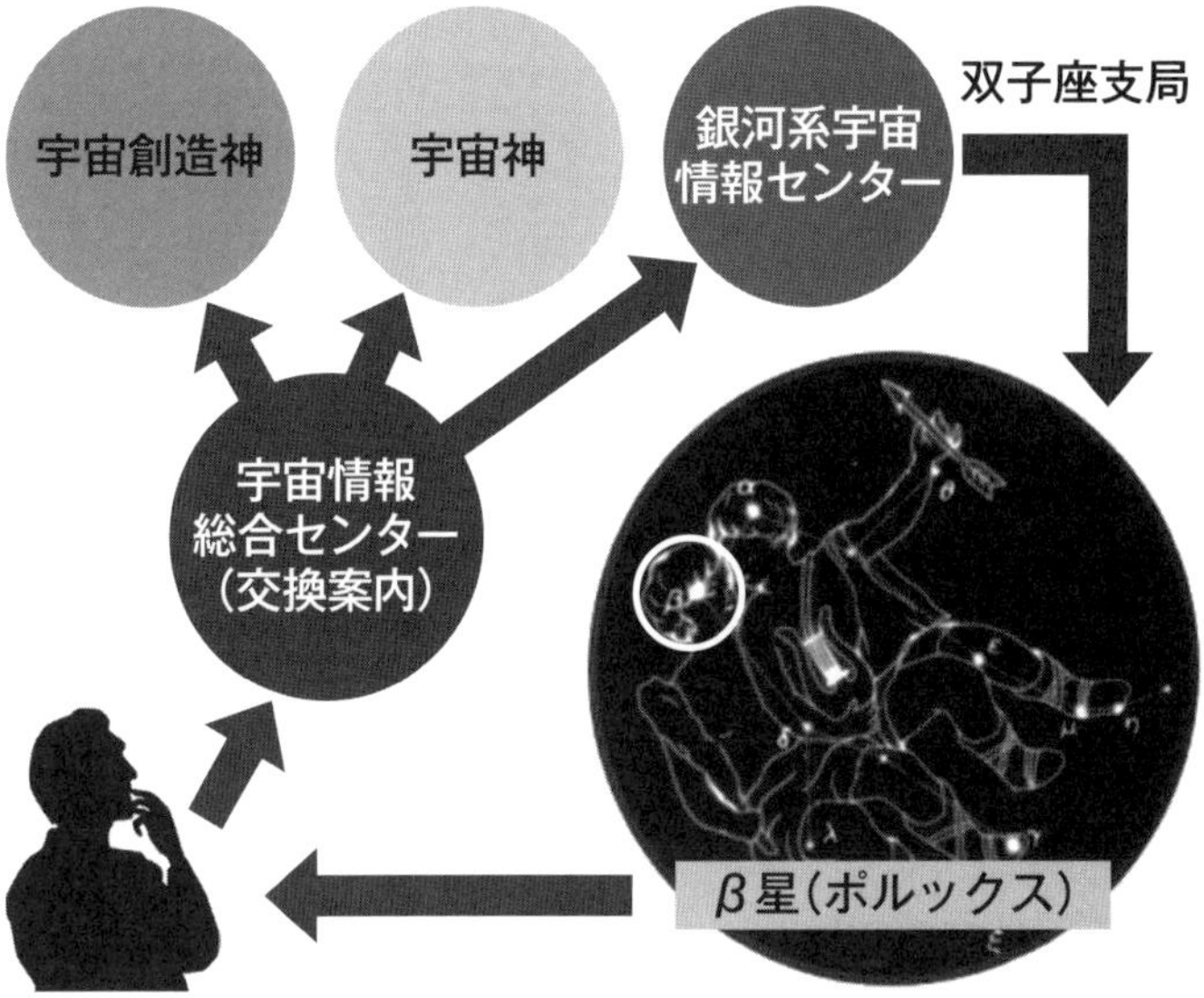

う（巻末参照）。

空海も曼荼羅を残しています。神仏からの暗号を曼荼羅化あるいは経文化して後世に残しました。また世界50カ国以上で出現しているミステリーサークルもひとつの曼荼羅と捉（とら）えられます。そこには重大な情報が込められています。

では、誰が、何のために、いかにして作られているのでしょうか。それは天星からの暗号です。崩壊が進む生態系への警告であったり、環境破壊、科学文明の危険性など地球の危機的状況への提言であり、人類の魂の浄化と進化を促しています。人類の進化向上のために天星から私たちの魂へこうしたメッセージが伝達されているのです。

ミステリーサークルは高速情報周波数で、スタンプを押すように一瞬で行われます。なかにはイタズラもあり、本物は26パーセントとも言われています。私は２００３年にそうしたミステリーサークルを図形化したものをスイスで見つけ、それをヒーリングにも使っています。

アートテンが使う素数と円周率

「コンタクト」という映画がありましたが、そのなかに宇宙とコンタクトをするシーンがありました。巨大なアンテナを仕掛けて宇宙から来る暗号や光や波動、音をキャッチする様子が描かれていますが、宇宙から届く波動の回数を数えながらそれが数字、素数でできていると言っていました。

私は数字情報を受け取るときは11～12桁の素数です。もうすぐ始まるマイナンバーも同じ素数の12桁です。みなさんが使っているクレジットカードのセキュリティーコードは１００桁以上、通常は５００桁内の素数を使用しています。桁数が多ければ多いほど安全性は増すからです。

現在、素数がどれだけあるかコンピュータで調べますと、約1742万桁です。コンピュータの性能が上がれば、さらに解明されるでしょう。

私が通信に使用するもうひとつの数字は円周率です。小惑星探査機「はやぶさ」を地球から3億キロ離れたイトカワに飛ばして、無事帰還させたことはまだ記憶に新しいですが、そのはやぶさにプログラムされた円周率は3・141592653589793という16桁でした。だからはやぶさは戻ってこられたのです。その円周率を3・14の3桁でプログラムした場合には、その軌道に15万キロも誤差ができてしまい、戻ってくることはできませんでした。したがって私も円周率を使う場合は、できるだけ桁数が多い円周率を使うようにしています。

天体の星々はそれぞれの情報を持っています。かつて霊波センサーを開発した在藤泰秀さんは、ひとつひとつの星をそのセンサーを使って精査し、新たな星座番号表を創っています。理科年表にも掲載されている天文学上での星座は88ですが、在藤さんは新たに48の星座を発見して136星座に番号を付けました。さらに、その星のひとつひとつが、神々の情報を司っていることから、身体の部位や病位の情報があることもわかっています。

こうしたことから宇宙の情報は数字を含めて普遍性を持ち、それぞれの情報はマクロとミクロでも繋がっていることからも、まさに巨大なスーパーコンピュータにほかならないのです。その1例を挙げると次のようになります。

きりん座（83）　狭心症、心筋梗塞、心臓機能の改善
エリダヌズ座（48）　重金属の鉛を除去、中和する。
カジキ座（94）　精子減少の改善、精力改善
インディアン座（65）　お祓い（人霊）

インディゴチルドレン用カードの誕生秘話

私が情報を得ているのは、じつは星々だけではありません。天体から情報を得るだけではなく、この地球上にも何か情報が取れるものがあるのではないかとずっと探していました。すると、ある日、こんなことが起きました。

15年前に沖縄の竹富島で講演会を行ったときのことです。そこに来た若い女性に私は

「あなたは妊娠していますよ」と言いました。彼女はそのことに気づいていませんでした。やがて彼女は海中出産をし、その子供をイルカ（光）と名付けます。そのころ、「胎児との対話」が話題になっていたので、彼女はまだお腹に赤ちゃんがいるときにそれを試みるといろんな対話ができて、その内容を私のところに送ってきました。それに関心を持った私は、では自分もやってみようと思いました。そこでお腹のなかの赤ちゃんに聞いてもらったのです。

「インディゴチルドレンの精神性を穏やかにする方法はありますか」と。

最近はインディゴチルドレンと言われる魂を持った子どもたちが増えています。それを名付けたのはアメリカの心理学者ナンシー・アン・タッペで、新しいタイプの子どもたちを指しています。ＡＤＨＤ（注意欠陥多動性障害）やアスペルガー症候群の子どものなかに多く見受けられます。さらに彼女は次のようにも言っています。

「彼らの使命は、人類が地球を破壊せずに無事に次元上昇ができるように手助けをするために、自発的に地球に生まれ変わった子どもたちです。しかし、３次元の地球に生まれ変わった途端に、彼らのほとんどが自分たちの使命を忘れてしまい、一般の地球人と同じように一生を終えるか、地球にいることに違和感を感じ、さまざまな問題を抱えて苦しんだ

インディゴチルドレンの波形カード

り、自殺してしまうケースもあります」

私はそんな子どもたちに自分の使命を思い出し、穏やかになってもらいたいと思ったのです。

そうしたら、胎児がその答えを教えてくれました。

「満月の日の石垣島の海水に浸すこと」と。

けれど、全国のインディゴチルドレンたちを石垣の海まで連れて行くわけにはいきません。そこで私は考えました。満月の日の石垣島の海水を送ってもらい、そこにある情報と周波数を取り出して波形カードを作成したのです。

すると面白いことがたくさん起きました。

ＡＤＨＤの子どもたちがいる小学校の先生に、

そのアートテンカードを子どもたちにわからないように机の裏に貼ってもらったのです。すると、その子どもたちは穏やかになり、他の子どもたちのほうがよほどうるさく感じるようになったそうです。

そのカードをドイツのリロさんにも送りました。彼女のところに来ているADHDのお子さんは両親が離婚したため、2人の親の間を交互に行き来していました。お父さんは成すすべがなく、子どもが来るとすぐ薬を飲ませるそうですが、お母さんは部屋中にそのカードを貼ったそうです。その結果、子どもがとても安定するようになったということです。

そういう意味で私はイルカちゃんにとても感謝していますが、胎児との対話はじつはあまりお勧めできません。それを続けていると、生まれてきてからアレルギーが出たりすることが多いので、赤ちゃんにとってはストレスのようです。ですから十月十日（とつきとおか）は静かに見守るのがベストです。

宇宙情報は音楽や仏像、真言などに活用されてきた

宇宙の情報は数字だと言いましたが、それはエネルギーとしての音や言葉、形にも変え

られます。空海の言う真言もそれです。空海が作った曼荼羅図も分析すればそこに込められた情報はわかります。「宇宙の真理を知り、それを動かす方法を会得すれば、人間は自らも属する大自然から限りない利益（りやく）を受け取るのは当然であろう」と、空海は言っています。

真理を知っただけでは十分ではありません。それを動かす方法が必要であり、空海はそれを知っていました。けれど封印（暗号化）されていますから、まだまだ解読されないものが多いのです。時間ができたら私もゆっくり封印の解除に挑戦したいと考えています。なにしろ量子論の世界の話ですから。

私はすべてではありませんが、人助けをするために必要なことを動かす方法は知っています。ですから原因不明の病に苦しんでいる人のために量子医学を応用したものを、アートテンを勉強されている医師のみなさんと共に研究しています。重要なことは空海が言ったように宇宙の真理を知り、それを会得する方法を得ることです。さらに、「真理を実証してこそ真理である」と言った人がいますが、その通りだと思います。

宇宙の情報は、釈迦如来（しゃかにょらい）とか薬師如来などの形としても降ろされています。昔も今も、宇宙の情報を相似像、相似形にして降ろす人がいました。すぐれた仏師は仏の姿を木のなかに見いだすと言います。薬師如来だったり釈迦如来だったりしますが、その情報を現世において公開するために仏像にしました。偶像にするのがいちばん必要情報が残り、霊験が生じやすいからです。

ただそれは真言とセットとなって働くのですが、それでは力が強過ぎて時の支配者は恐れをなしてしまいますので、その力を弱めるために真言は少しずつ変えられました。けれど正しい真言を唱えれば、その場がガラッと変わるほどの威力を持っています。

おそらくピラミッドもストーンヘンジも、そのエネルギーを開示するマントラがあるはずです。正しいマントラを唱えれば、その場は一気に変わると思います（私の波形カードはそうした真言（マントラ）とセットになっていますから、持っているだけで効果があります）。

ピラミッドはピラミッドベルトと言って、地球上にベルト状になって存在する地帯があります。ギザのピラミッドだけがピラミッドではありません。ピラミッドは火星から来る情報を受ける情報センターでありアンテナです。日本にもピラミッドがあります。三重塔、五重塔などがそれです。中国にもピラミッドの山が昔はたくさんありましたが、今は崩れてしまいました。中南米にも多くあります。

昔の人はよくわかっていて、そうしたエネルギーをアンテナを通して受けとり、生活に使っていました。たとえばストーンヘンジにはどんな情報が降ろされていると思いますか。それは嫉妬や羨望を打ち消す情報です。それがあるために人類は堕落してきました。そしてそれがあるかぎり戦いは絶えません。たとえば、ある部族を潰すためには嫉妬を植え付ければ、それだけで目的を達成できます。人間界の醜いもの、そして性は嫉妬です。イギリスはストーンヘンジを造ってそれを相殺していました。それがみんなの本当の願いです。

部族長の役割は、嫉妬を起こさないようにコントロールすることでした。そのために1年に1回祭りを行い、生贄を捧げました。羊などを生贄にして祀り、その肉をみんなに平等に分け与え、その赤い朱色した血を飲みました。そうして部族の秩序を守ったのです。

マリア像も本来、その形はありません。ルルドでベルナデットが見たのはブルーの光でした。それがいつのまにか、マリアの姿として伝えられることになりました。天にある情報をキャッチできる人は、それをさまざまな形にして降ろしています。真言にしたり、文字にしたり、仏像などの形にしたり、音にしたりです。このように宇宙情報の相似象をそれぞれの形に現しています。

私はその宇宙情報を波形（曼荼羅）カードにしたのは、すばやくできて簡単だったからです。さらに持ち運びが便利なように携帯できるようにしました。彫刻にするのは時間もかかり、お金もかかって大変です。

アートテンはパンデミック対策にも力を発揮する

アートテン技術開発には隠れた目的もあります。それは細菌（ウイルス）対策です。

1918〜19年にかけて、世界を恐怖に陥れたスペイン風邪は当時、人類の3割が感染しました。感染者は約5億人以上、死者は5000万人〜1億人、日本でも38万人が亡くなっています。私たちが恐れているのはパンデミックです。自然に発生しているものと、「生物兵器では」という人もいます。両者が一緒になったらさらに脅威です。これに対する免疫力はいっさいありません。

1956年に、中国南西部で発生してから世界的に流行したアジア風邪は、死者が1000万人以上に及び、日本でも5700人が死亡しました。じつはアートテン技術の最大のテーマはこのパンデミック対策でした。

私がそれに挑戦したのには事例があったからです。先にも紹介した神霊治療者ハリー・エドワーズが、このアジア風邪のとき、イギリスの罹患（りかん）率は12パーセントでしたが、彼の関係者では1パーセント以下でした。ほとんど死ななかったと彼の本に書かれています。ですから私はこういうことが可能だと思ったのです。

では、パンデミックの予想はどうなっているかと言いますと、WHOは、発病者は数億人以上、死亡者は数百万人以上（最悪1億人）と言い、日本の厚生労働省は3000万人の発病者に64万人の死亡者（最悪210万人）と言っています。オーストラリアは日本のこの数字は最低の予想だと言っています。それほどパンデミックの危機感は強く、しかもその対策はこれまでなかったのです。

ただこのパンデミック対策は、本格的なものが発生しないと、それに対するアートテンカードはできません。2波、3波と進化しながら襲ってくるからです。たとえそれを封じるカードができても、それをどう配信するかなどの問題もさらにあります。

ウイルスと言えど、いかに殺すことなく毒のみを中和するかが大切です。これまでの医学では悪いもの、不要なものは消す、あるいは殺すことが目的でした。けれど殺せば耐性菌が生まれます。この世に不必要なものは本来ないのです。私は2000年からこの研究を開始しましたが、まむしやハブでさえ、毒をはずしさえすれば本来、私たちのいい仲間です。それが私の基本姿勢です。

ヨーロッパで問題になっているウイルスは、ドイツの友人と共同で対処しながら共に研究を進めてきました。その成果は、当時日本ではほとんどの人が信じてくれませんでしたので、２００３年にドイツで初めて発表しました。

そこで既存のインフルエンザ香港A型、B型、ソ連型などを対象にした、宇宙情報を入れたアートテンカードを試してもらいながら話すと、集まったさまざまな研究者やジャーナリストたちは強い関心を示してくれました。

やがて、日本でも5人に1人くらいは信じてもらえるようになりました。翌日に国家試験を控えていた22歳の看護師受験者は高熱がありましたが、インフルエンザ用のアートテンカードを布団の下に敷いて寝た翌朝、熱が下がって無事国家試験にパスすることができました。

こうしたウイルスは年々進化しますから、毎年新しく作り直す必要がありますし、またエイズウイルスなどは毎日変化しますので、作成は困難です。そういう新種のウイルスがどんどん出てきます。

あるとき、インフルエンザ脳症にかかった生後5カ月の赤ちゃんが医者から助かる確率は極めて低い、もし治っても重い脳障害が残ると言われました。その祖母が泣きながら私のところに飛んできましたので、それに対処するアートテンカードを作って渡しました。入院当初１立方センチに55万個あったウイルスが、カードを使うことで５日目には15万個になり、10日目には１万個に減少し、１カ月後には無事退院することができました。同じ症状だった人は１週間後に死亡しています。その経過に医師、看護師は口を揃えて奇跡だと言ったそうです。

そのときはアートテンカードを２つ作りました。お母さんが心配することで赤ちゃんに悪影響を与えるので、お母さん用と赤ちゃん用をそれぞれ作って渡しました。

またウイルスではありませんが、交通事故で脳挫傷になって意識不明だった人にもアートテンカードを作って差し上げ、その命を救いました。その病院ではスタッフたちがそのカードを見ているので、「治ったのはあれしかないね」と、首を傾げていたそうです。

最近ではデング熱が猛威を振るいました。そんなときは蚊が飛んできても不安になります。そのデング熱を封じるアートテンカードも作りました。日本列島はこれからどんどん亜熱帯化しますし、台風と共にどんどん北に向かって蚊の活動範囲が拡散するでしょう。

エボラ出血熱も死者が１万１３００人であるとＷＨＯは発表し、その対応に追われています。潜伏期間は１週間、死亡率は50～80パーセントと言われていますから怖いです。エボラ出血熱の波形カードも作ってみました。

韓国で猛威を振るい、多くの死亡者を出したＭＥＲＳ（中東呼吸器症候群）は、コロナウイルスが原因と言われ、死亡率も高いです。そこで私はその情報を持っている狼座とコンタクトをしました。そこから波形情報をキャッチし、そのウイルスの毒性を消去するカードを作りました。今までは数字でコンタクトをしていましたが、今やウイルスの形状を見ただけで数字を介さなくても直接波形が受け取れるようになりました。

必要は発明の母と言いますが、私はパンデミック対策を国防の面からも何とかしたいと思っていました。つまり、必要性に駆られたわけです。

第3章

霊界とのコンタクトで教えられたこと

未成仏の霊を霊界に返すという使命

私は本来はとても怖がりです。子どものころに何か悪いことをすると、家の隣にある小さな小屋に閉じ込められました。岩手ではおばけのことをガンボと言いますが、「小屋にはガンボがいるから連れて行かれるかもしれないし、食べられるかもしれないぞ」と脅かされて、怖くて、怖くて仕方がありませんでした。

じつは大人になった今でもホテルにひとりで泊まるのは怖いのです。電気を全部つけっぱなしで、テレビの音もボリュームを上げて寝ます。おそらく熟睡していません。

そんな私ですが、いったんスイッチが入ると豹変(ひょうへん)します。怖いという感覚がいっさいなくなります。

私の使命のひとつに「未成仏の霊をできるだけ多く霊界に還(かえ)す」という役割があります。

1985年の日本航空123便の墜落事故から今年で30年が経ちました。当時、生存者が7名いました。その4名の座席ナンバーがまた奇跡の数字でした。

じつは、20回忌のときに、私の身体に異変が起きました。

そのきっかけは、ＪＲ西日本の列車事故から始まりました。２００５年4月25日午前9時18分ごろ、兵庫県尼崎市のＪＲ福知山線で、通勤・通学客で混み合う快速電車が、急カーブを曲がりきれずに脱線したのです。乗客と乗員計１０７人が死亡し、乗客５６２人が負傷するというＪＲ発足後最悪の事故でした。

私はちょうどそのとき仕事で尼崎にいました。大阪から尼崎まではスムーズに行ったのですが、尼崎に着くと何か大きな事故があったらしく、号外を手渡されました。そこには重大な事故が起きたことが報じられていました。そのときは現場を見ずに翌日まっすぐ家に帰り、事故の様子は夜、テレビで見ました。当日の晩に泊まったホテルは事故現場と消防署の間にあり、部屋の天井は一晩中バタバタと鳴り続けていましたから、気になっていたのです。

それから私の身体に異変が起きました。家に帰った次の日からピンクと赤が混じったような鮮やかな色の下血が始まったのです。私はもともと痔主ですから、鮮血ならそれが痔だとわかりますし、胃など内臓からの出血ならどす黒いのですが、こんな色の下血は初めてのことでした。なんなんだろうと不思議でしたが、それが毎日続きました。

5月5日になって仕事が一段落したので、家でテレビを見ているときにあることにハッと気がつきました。そこで10日間の新聞を集めて死亡者の名前をピックアップしました。１０４名まではなんとかわかりましたが、あと３名はなかなか判明しませんでしたが、それでもなんとか１０７名の名前を探しあて、全員の霊を上に上げました。そうしたらピタッとその出血が止まりました。やはりそうだったのかという思いと、やったぞという大きな達成感がありました。

それから２カ月後に事故現場に行きました。踏切周辺を歩き回り、犠牲者がまだ残っているかどうかを確認したのです。未成仏霊はひとりも残っていませんでした。

その年の８月のことです。たまたま仕事が休みで、家でテレビを見ているときに、ＪＡＬ墜落事故から20年というニュースが放映されていました。じつはその２、３日前からまた出血が始まっていました。もしかしたら、これかなと思いながら、見ていると、犠牲者の名簿を次々と紹介しましたから、瞬間的に私はテレビに映る名簿に手をかざし、手に記憶させました。５２０名でした。そのときまだ成仏していない霊が２８０体ほどいました。御巣鷹山にもまだ76体が残っていました。それも時間をかけて全部上に上げました。

それ以来、ＪＡＬの事故はピタリと止まったように思います。それまで次々と事故が起きていましたし、経営も大変なことになっていましたが、復調の兆しが見えています。

第2次世界大戦の亡霊たち

この2つの出来事以来、私の身体にこんな異変が起きるようになったのです。シンガポールに行ったときにもまた出血が始まりました。何の意味かわからなかったので霊界と通信してみると、第2次世界大戦中マレー半島で亡くなった日本人は1万5600人いますが、現地の人を合わせたら10万人を超えていました。合わせて12、13万人の霊を上に上げるよう言われました。霊界の頼みですから大変だと言ってはいられません。その仕事が終わると出血はやはりピタッと止まりました。

それからしばらくして、今度はジャカルタに行くことになったのですが、また出血が始まりました。そして同じように戦争の犠牲者の霊を上に上げました。そうすると、その後、現地での交渉事やビジネスがうまく回るようになります。シンガポールで犠牲者の霊を天界に上げたことで、進行中だったシンガポールでのビジネスの交渉がすべてうまく運びましたし、インドネシアでも同じでした。

3・11の事故の後、海の彼方(かなた)に霊が見えるという話を数多く聞きましたが、当時亡くなった人は約2万人です。３年経った今年、その人たちをすべて光の世界、天界に上げました。

いったんそんなふうにスイッチが入ったときは、怖がりの私もまったく怖くありません。ただ、幼いときにできたトラウマというのは強いもので、大人になった今も、怖がりだけはなおりません。

喜多良男さんの書かれた『死帰』にも、死ぬときは導き霊が来ると書かれています。その導き霊というのはじつは光です。観音様や大日如来などがたくさんの人を連れて迎えに来るというように見える人もいますが、要するにこれは光の粒子です。

この光の粒子の小さいこと。数の世界で大きいものを無量大数といいますが、その粒子は10^{-68}ですが、これをはるかに超えた10^{-800}台です。この粒子の光が目に見えない導き霊の光としてやってきます。しかもそれは９通りの光です。光の粒子の違いが９通りあるのです。生前の自分の行状（生きざま）によって迎えに来る光が異なると言われています。

成仏の世界を探る

人は死に臨んだ際、来迎の光がお迎えのために降臨すると言われています。「観無量寿経」によれば、それは九品の来迎とあり、人の生前の性質や行状に応じた9通りの来迎があると言われています。9通りの光は上品、中品、下品に分かれ、それぞれが上生、中生、下生にさらに分かれます。

上品は仏門修験者と修行者の迎光、中品は上級者の迎光、下品は我々世俗の者の迎光です。私はこれまでいろいろな人を観てきましたが、上品の人はほとんどいませんでした。稀に中品があり、ほとんどの人が下品でした。人間はよほど罪深いのでしょう。

その様子を描かれたものに、宇治の平等院の阿弥陀如来の屏風絵があります。その色は色褪せてほとんど見えなくなっていたのをコンピュータグラフィックで再現しています。そこでは音が奏でられています。絶命しても聴覚だけはしばらく残ると言われています。

できれば死後はまっすぐ霊界に行ってほしい。そこまで行けば、あとは天国に行こうが地獄に行こうが、その人の生き方次第です。というよりすでに決まっているようです。

スウェーデンボルグは生前、何回も霊界に行き、そのシステムを多くの人に伝えています。

「霊界は、神のレベルから悪魔の支配する地獄まで明確な階層に分けられている。この世の精神成長レベルによって、自分が適応する霊界レベルへの割り振りが確定される」

それが理解されないのは、この世の物質的習慣に従って考えているためだと言っています。そして「後悔先に立たず」というのは、この瞬間のことを言うそうです。

霊界に行きそびれた人もたくさんいます。そういう霊は、光に手が届かなかったり、光が見えない人たちです。そういう霊は浮遊霊や憑依霊となってこの世に残り、悪さをします。

潜象から現象へ、現象から潜象へ

上古代にはカタカムナ文明というものがあり、現象界の背後にあって現象界を支配している潜象界の物理をとらえていました。そこには「潜象とは目に見えないが、我がその身の回りに常に存在していて、潜象の存在を成り立たせているもの」と書かれています。

目に見えるものは、目に見えないものの集まりによって目に見える物体になります。ということは私たちの思考、思想、心情、能力も、この潜象が作る技です。
これは、「かごめかごめ」の歌にもじつはちゃんと書かれています。そこには神秘的な宇宙の真実、重要なしくみが歌われていますので、私流にそれを解釈してみましょう。

「いついつである　夜明けの晩に」
これは宇宙の万物万象に見られる現象で、元はすべて潜象によるものである。

「鶴と亀がすべった」
それは天体を支配し運行する最も神秘性の高い真理である。

鶴はオーストラリアから飛んできて、あのエベレストを越えます。ホバリングして風が来るのを待ち、その風に乗ってエベレストを越えます。鶴は昔から霊鳥と言われますが、神秘性の高い鳥です。そして地球上の真理の実態を承知していますから、そういう風をただ待つことによって越えてくるのです。

野生の生き物の神隠し現象

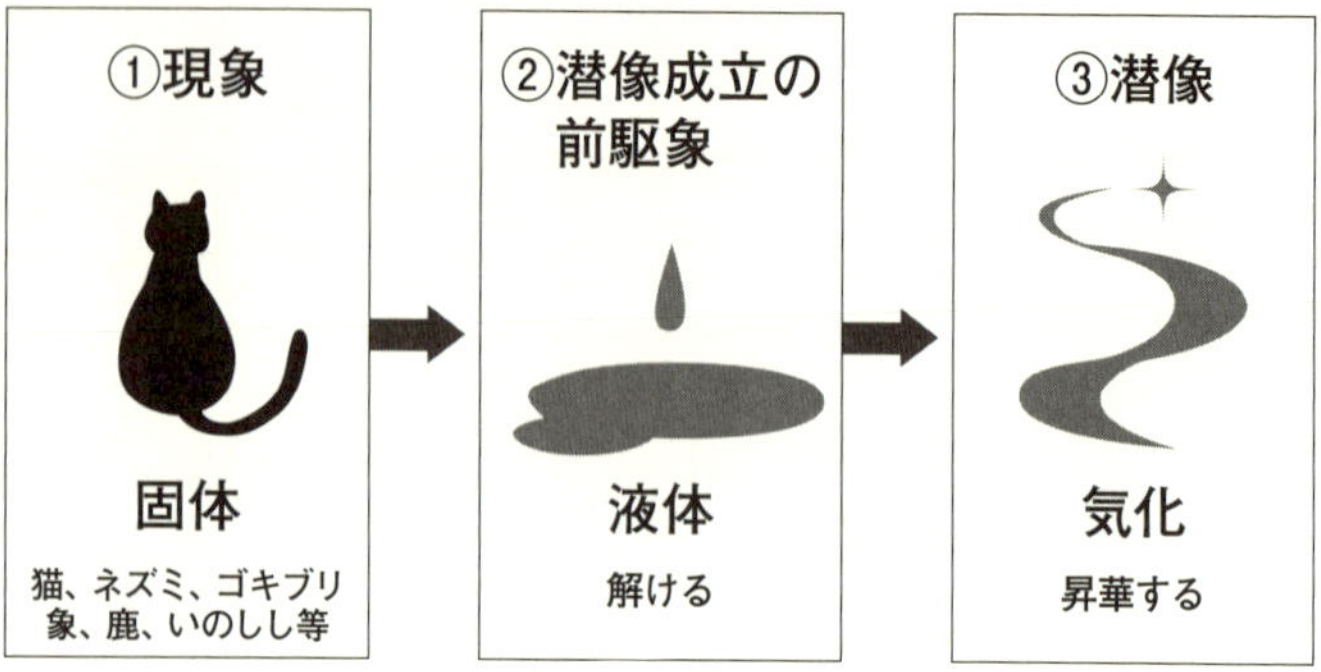

さらに亀は、古代インドやギリシャでは、宇宙を支え、宇宙を司る永遠の象徴でした。

「後ろの正面だあれ」

これらの実相や現象を作り出す元となる潜象とは何でしょうか?

という疑問を我々に投げかけています。

その答えは極限の粒子です。それを素の化未（かみ）と言います。化未というのは未知なる教えのことですが、ではこれはどういう形をしているのでしょうか。

たとえば皮膚（形）をどんどん小さくしていくと極限の粒子に至ります。小さくしていけば、その形はなくなり見えなくなります。すべてはその

自然現象

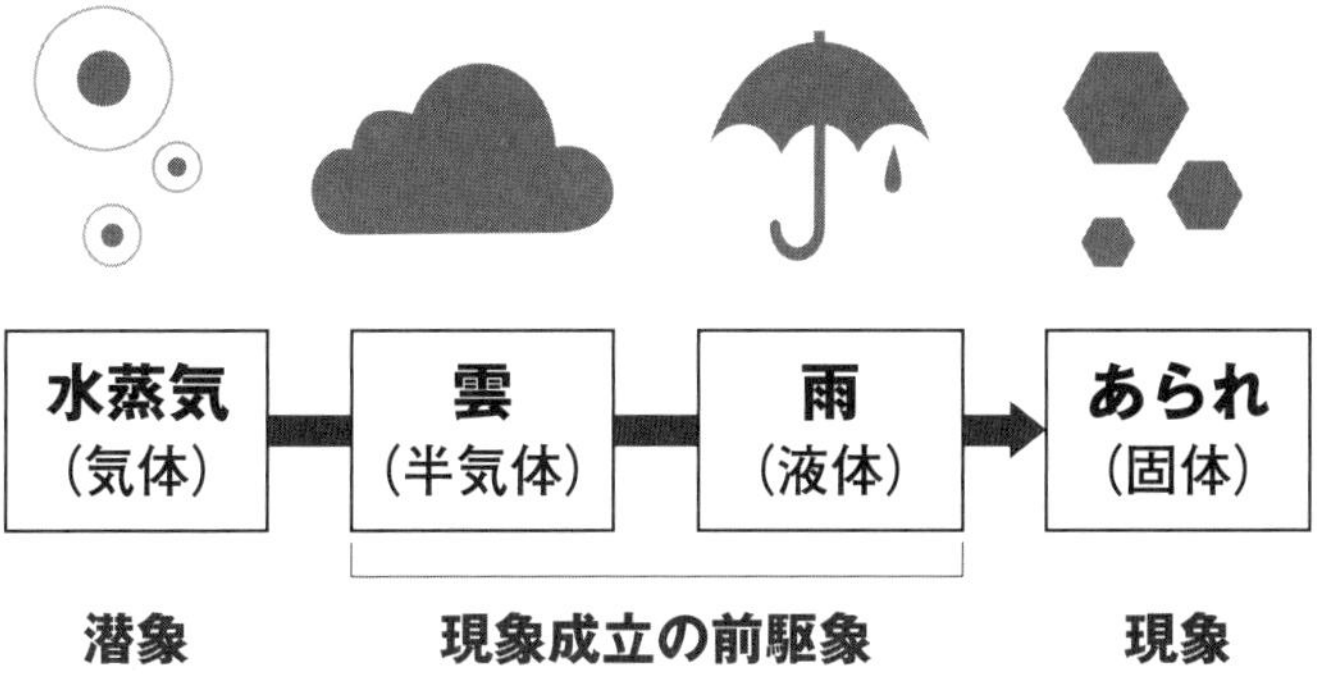

元の素粒子でできているのです。それを今度は拡大していくと、元の皮膚に戻ります。

「かごめかごめ」にはお遊戯がありますね。真ん中にひとりが座り、その周りをみんなが手を繋いで回ります。これはじつは極限の粒子の形です。

そして、我々の世界にもこうした現象から潜象へ、潜象から現象へ、という現象を目にすることがあります。天然に近ければ近いほど、死んだときに神隠し現象にあいます。東京にあれだけカラスがいますが、カラスの死骸を見たことがありますか。人間の人口より多いと言われるネズミだって、ゴキブリだって、人間の手にかかって死んだもの以外に、その死骸を見ることはありません。

これはどういうことでしょう。現象界では固体を持っていますが、死ぬと溶けて液体化し、やがて気体となって消えるのです。

その逆もまた自然現象のなかにあります。空中にある水蒸気は目に見えません。それが集まって水になれば雨として降ってきます。さらに急速に冷やされればあられという固体にもなります。

あわの歌は人間の機能を整える

私が霊界や星座情報を獲得する作業をするとき、自分では自分の身体がどうなっているのかまったくわかりませんが、ドイツで、私の神霊治療をする前と後で身体状態、オーラ、内臓チェック、チャクラの開閉状況を、セッション前とセッション後に調べてくれました。始める前、すべての内臓状態はバラバラでしたが、それが全部最高レベルの同数字になり、チャクラの開閉率は40パーセント台から70パーセント台に（全開するのはよくない）、オーラーの色は境界線なしにブルー一色に変わりました。このデータからセッション中の私は神霊界のエネルギーを受けていることが証明されました。

神霊界にアクセスするかわりに、身体状態を改善する良い方法はないかと探していましたら、ありました。「あわの歌」です。「あわの歌」とは「ホツマツタエ」に出てくる48音からなる歌で、イザナギ、イザナミが作ったと言われています。宇宙の自然の巡りに則(のっと)っているこの「あわの歌」を歌うことで、病気にならないと「ホツマツタエ」には書かれています。

アカハナマ　イキヒニミウク
フヌムエケ　ヘネメオコホノ
モトロソヨ　ヲテレセヱツル
スユンチリ　シヰタラサヤワ

今、この「あわの歌」が流行(はや)っています。じつはこの歌ができた当時も、今と同じように世相が乱れ、言葉が乱れ、食が乱れていましたので、それを調和に導くようにこの歌ができたのだと言われています。

私が天界にこの効果を聞いたところ、「この歌を歌うことによって人間の機能を整える」

上句

ワン	ラ	ヤ	マ	ハ	ナ	タ	サ	カ	ア
10	9	8	7	6	5	4	3	2	1

オ1	エ1	ウ1	イ1	ア	1
コ2	ケ2	ク2	キ2	カ	2
ホ6	ヘ6	フ6	ヒ6	ハ	6
ノ5	ネ5	ヌ5	ニ5	マ	5
モ7	メ7	ム7	ミ7	ナ	7

12657
（南の魚座） → **脳の活性化**

という答えでした。つまり、この歌を歌うことで、細胞を構成している最小粒子の素粒子の欠点や弱点を正常に戻す働きがあるようです。

そもそも「ホツマツタエ」とはなんでしょうか。これは神代文字の故書に記されているもので、縄文、弥生、古墳時代までの歴史と文化を1万行にわたって記した叙情詩と言われています。神代の時代のものですが、ここには宇宙の真理が読み解かれていたということになります。

では、この歌の効力をもう少し読み解くために、並べ直して番号をつけてみました。

上の句はすべて12657になります。

この12657という数字が意味するのは

下句

ワン	ラ	ヤ	マ	ハ	ナ	タ	サ	カ	ア
10	9	8	7	6	5	4	3	2	1

タ4	チ4	ツ4	テ4	ト　4
ラ9	リ9	ル9	レ9	ロ　9
サ3	シ3	ス3	セ3	ソ　3
ヤ8	ヰ8	ユ8	ヱ8	ヨ　8
ワ10		ン10		ヲ　10

「南の魚座」であり、その働きは「脳の活性化」です。

　下の句は4　938　10となり、938は「射手座」を表し、「数霊の神」を表しています。ですから神の世界のことであることをはっきり証明しています。さらに驚くべきことは両端にある4と10ですが、それは水瓶座を表し、その意味は「イザナミ・イザナギ」でした。在藤さんの星座表の意味とぴったり一致しました。

　つまり、上の句は脳の活性化を促し、下の句は「神々の世界の力」、「数霊の力」を物語っています。さらにこの歌の作詞者がイザナギ、イザナミだと言っています。ですから「あわの歌」を歌うと、神々から力

次のようにならべると…

アA　アカハマナ
イB　イキヒニミ
ウC　ウクフヌム
エD　エケヘネメ
オE　オコホノモトロソヨヲ
エD　テレセヱ
ウC　ツルスユン
イB　チリシヰ
アA　タラサヤワ

をもらえるのですね。

さらにこの歌からわかることは、オコホノモトロソヨヲの意味は「素粒子の欠点や弱点などの問題点を正常にする」という意味があります。したがって「ホツマツタエ」に「あわの歌」を歌えば病気にならないと書かれていることは真理でした。

また「ホツマ」には「すばらしい真理」という意味があり、「ホツマツタエ」は、真理を継承してきた歴史書だということがわかります。

「ホツマツタエ」には、神代の時代、民心が緩み、民の言葉が乱れたのでこれらを整えるため、このあわの歌を教えて普及させたと書かれていることから、上古代人の文化は、食も精神性も豊かだったことがわかります。そして今の時代に必要な歌だと私も思います。なかでもオペラ歌手・柏田ほづみさんの歌う「アワの歌」はすばらしいです。

群馬マクロビオティックセンターを主宰されていた石田英湾さんは「この歌を唱和すればするほど我が身の生命の気が、宇宙生命の気と一体になっていく恍惚感を全身に感じられます」と言っています。さらに言語障害や情緒不安定の子どもたちに、親子で唱和するように勧めたところ、「性格が明るくなった」、「行動が安定してきた」、「怖じ気付かなくなった」などという結果が出ているそうです。

祈りの真言トホカミエヒタメ

では、「フトマニ図」も見ていきましょう。あわの歌48音のヲシテ文字を中心円上に配列したものをフトマニ図と言います。これは古代人の宇宙観を示しています。このフトマニ図のなかから「トホカミエヒタメ」という文字をなぞっていくと八角形が現れます。

これは国常立神8人の皇子の頭文字であると言われ、その意味を探ると、「魂（肉体の魂）と魄（霊界の魂）を結び合わせ寿命を作る」。これは永久の国体の安泰を意味します。

「トホカミエヒタメ」左回り

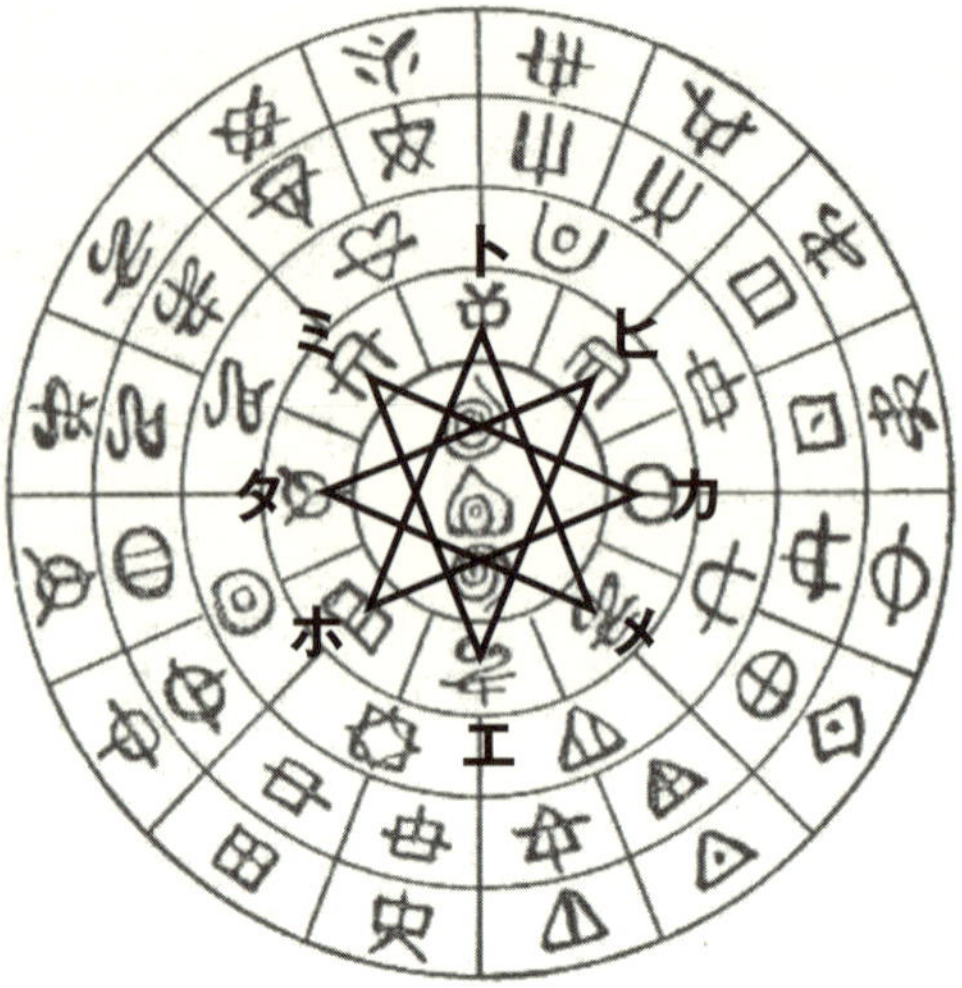

「トホカミエヒタメ」というのは、天皇が宮中の賢所で述べられている真言ですが、その意味するところは、日本国が永久に立ち続けられるようにという祈りです。つまり国体の安寧と安泰、民衆の安穏を祈る言葉です。

早速、トホカミエヒタメのアートテンカードも作ってみました。

天の暗号を解く

今、日本人の心も魂も空になっています。こんなときこそ神の力に期待したいところですが、伊勢神宮と出雲大社があってもこの体たらく。何が足りないのだろうかと想っているときに、真名井(まない)神社の存在に気づきました。そこは本伊勢であり、食と農業を護(まも)る豊受大神(とようけのおおかみ)の出身地でした。

けれど、そこに行ってみると籠(この)神社の奥宮真名井神社は、雨風を防いではいるものの、ボロボロでようやく保っているという状態。日本の農業がだめになったのも、もしかしてこうした神様をないがしろにしてきたことと無関係ではないと思いました。

神社の代表格の伊勢神宮や出雲大社などでは神様に捧げる食物として、昔ながらの有機の最高級のものを差し上げています。これを神饌(しんせん)と言います。それにあやかるような食材を作ることで、少なくとも日本の農業は守られてきました。そうした大切なことを大切にすることで、日本の文化も神々の力も守ることができ、これまで３０００年もの間継続されてきたのです。

三本の矢のうちの最も重要なもう一本が、ないがしろにされて久しいのです。三本目の矢をしっかりと立てるという信念のもと、私たちは今、平成31年に向けて真名井神社の遷宮建て替えを呼びかけることにしました。

江戸末期以来の大事業ですが、京都府にも協力してもらい、たくさんの方に来てもらうために、天橋立におかげ横丁も作ろうと計画中です。

これは単なる神ごとではありません。天の暗号です。そうした暗号をひとつひとつ解いていくことにより、日本人はその精神性を取り戻すことができます。それでこそ世界が最後の頼みとする日本人たり得るのです。さらになんともならないと思われる高齢化社会もすんなりと乗り越えられると信じています。そのためにも最も大事な見えないものの存在をきちんと立て、全体の流れを変えていきたいと思います。

真名井は神の王国だった

ここからは私が読む物語、私小説としてお読みください。真名井神社に秘められた物語は、宮司さんもあまり言及したくない、神々の指紋が残されている「真名井が原」の物語です。籠神社内に事務所をお持ちの古代史研究家、伴とし子さんにも、古代丹後王国についてぜひご意見をお伺いしたいものです。

真名井神社は元の名を「吉佐宮（よさのみや）」と言いました。「ヨサ」はヘブライ語であると言われています。実は日本にはヘブライ語がたくさん残っています。お祭りや民謡の掛け声にも多く使われていますし、八坂神社のヤサカも同じです。

そして、いちばん古い神々が降りた場所がこの真名井とされ、その昔、世界の人々が多くここに来ていました。ここは世界の中心の地で王国であったようです。丹後王国です。大和朝廷が存在したはるか以前のことです。それ故、丹後半島には古墳群が残り、その数は5000を超え、大きなものだけで200以上あります。とても興味のそそられる歴史的なお話がたくさんあります。

吉佐宮は717年（養老元年）、籠神社へと社名を変更しています。ちょうど日本書紀が完成したころです。詳しく見ていくと、「ヨサ」の「ヨ」は古代ヘブライ語では「ヤハウェの神」を意味し、「サッ」は「現れる」を意味しています。つまり地上の最高神が現れた所ということになります。この神は旧ビルマのカレン族においては宇宙を創造し、人を創造した全知全能の神と言い伝えられています。また、ニュージーランドのマオリ族にもまったく同じ信仰があります。その昔、ヤハウェ信仰はアジアをはじめ世界中にあったものと思われます。

日本では天上界の中心にいて、天地を主宰する中心的な神に「天之御中主神（あめのみなかぬしのかみ）」が信仰の対象になっていました。さらに日本書紀には、天地開闢（かいびゃく）の際に出現した神で、地上に最初に現れた神を国常立神と称していました。これらの神々は同一神であると言われています。いずれにせよ、ヤハウェ神も、国常立神も、最初に地上に降り立った至高の神であったことには間違いありません。

当時、世界の中心的役割を果たしていたと言われる丹後王国に、これらの神を祀る風習があっても不思議ではありません。そこにヘブライ語を封印するため吉佐宮にも通達があり、やむなく社名を変更せざるを得なかったと思われます。

その事実を伝え残すために「吉佐」は「籠」に暗号化されました。つまり、古代ヘブライ由来は六芒星（ろくぼうせい）がシンボルです。籠は籠の目を作り出しますが、籠の目こそ六芒星です。籠にはこもるという意味もあります。まったく違う名前を付けると、起源も由来も不明瞭になり誰も解釈できなくなるからです。六芒星はダビデのマークでもあります。実は籠神社とマナイ神社の裏神紋は、このマークだとも言われています。

では、なぜ社名変更を余儀なくされたのか。７１０年当時、大宝律令（たいほうりつりょう）が施行され、天皇を中心に本格的な中央集権統治体制が確立しつつあり、朝廷に権力を集中させるなか、生き残りをかけた取組が行われました。古代を紐解くと天皇系統も古代イスラエルに通じることになり、このことを封印しなければならなくなったのでしょう。

では、なぜ籠と書いて「この」と読ませたのか。真名井神社のある一帯は与佐の高天原と言われていて、当時はこの地域を「真名井が原」と称していました。その神がおわします所は「神の野」。神野は読み方が進化していき「カミノ」「カンノ」「コノ」と変化したと言われています。

同様に、高野山の麓に位置する橋本市は、空海の時代には、神野々（このの）と呼ばれていました。この地に神野々寺がありましたが、やはり「このの」と読んでいました。

では、真名井神社はどうして「マナイ」なのか。じつは「マナ」とは、聖なる食べ物という意味です。モーゼがエジプトの奴隷を解放して、シナイ半島を通ってカナンの地に向かう途中、食糧が尽きました。このとき天からパンが降ってきて、人々は飢えずに生きながらえました。この神の救いの手による記録を残すため、このパンを壺（つぼ）に入れたのですが、この壺を「マナの壺」と言います。この由来の名をとって、マナのある所という意味で、「マナイ」と名付けたのではないでしょうか。

古代丹後王国は、世界の中心地として繁栄していました。そこへ、古代イスラエル12支族のひとつが上陸したと言われています。古代イスラエルの三種の神器を携えて。それはアロンの杖、マナの壺、十戒の石板です。

このように読み進めていくと、すごいロマンが展開されていることに気づきます。このマナの壺は現在伊勢神宮の外宮に納められているという噂がありますが、はっきりした所在は明らかではありません。マナイの神は豊受大神であり、食の神様、農耕の神様ですので、神聖なる食を司るという「マナ」から「マナ居」と名付けられたのかもしれません。

地獄への入口が口を開けていた

真名井神社は、日本三景のひとつ「天橋立」に位置していますが、他の二景、「松島」、「安芸の宮島」に比べていまひとつ栄えていません。宮津市は東京のある企業に調査研究を依頼していました。しかし、観光客を大量に呼びこむ手立てを見つけることができませんでした（私もこれまでに5～6回同地を訪れていましたが、やはり観光客で賑わっているようには見えませんでした）。

平成26年9月、ドイツの国家認定心霊治療家のリロ・ミューラーさんを真名井神社にお連れしたときのことです。私はリロさんに、天橋立が賑わない理由を2つ挙げ、その答えをYES、NOで求めました。ひとつは、丹後半島全体に大きな呪いがかかっているか、

天橋立

また知られたくない事実があって封印しなければならない力で、覆いがかけられていないか。その答えはＮＯでした。２つ目は、ヤヌスホールが存在していないか。答えはＹＥＳでした。

私はやっぱりと思いました。ヤヌスホールとは、目には見えない世界、地獄へ通じる大きな穴のことを言います。ヤヌスホールが口を開けていると悪の霊気が漂い、人は寄りつきません。原因がわかったので後は処置を施せば解決できることがわかりました。

翌日、籠神社の斎館にてその場所を地図で確認すると、リロさんは真名井神社と、籠神社と、麓の神社の三角地帯のなかに存在していると指摘。かつて私は日光東照宮の敷地内にあるヤヌスホールから、少々漏れだしていた穴を修理したことがあります。そこは昔、天海大僧正が同ホールを封印するために、かの地に東照宮を建てたのです。

封印作業は現地に行くことなく斎館で行われ、十分ほどで完了しました。その瞬間、斎館にいた15人ほどの人たちが「あれ、空気が違う、軽くなった、何これ」と口々に言い始めました。私はリロさんに地下30キロメートルまでエネルギーで封印したことを伝えると、無事完了したことを確認してくれました。そしてその席におられた禰宜(ねぎ)さんに、リロさんは「これで籠神社、マナイ神社には参拝者、観光客が多くなりますよ」と伝えていました。

その後、この地に4~5回足を運びましたが、その都度、神社は観光バスで一杯でした。最近はバスの駐車場が倍以上に増えていました。籠神社の前のお蕎麦屋さんに入った私の友人も、蕎麦屋の主人が、最近なぜか急に観光客が多くなっていると話していたと教えてくれました。

十種神宝(とくさのかんだから)の秘宝

真名井神社を「元伊勢」ではなく「本伊勢」と表現したのは、その造りによります。ご正殿は伊勢神宮と同じ神明造ですが、ご正殿の屋根に目をやると、棟の下三角形のひさしの部分の扠首竿(さすざお)の左右に、破風面から左右4本ずつつきだした鞭懸(むちかけ)があります。伊勢神宮の内宮も外宮も、さらには籠神社も、ご正殿の鞭懸は8本ですが、真名井神社だけが9本です。

どこの神社も鞭懸は8本で、9という数は、神の最高の能(ちから)を表しています。さらに、籠神社のご本宮の勝男木(かつおぎ)は10本。これは伊勢神宮の内宮のご正殿と同じ数です。さらに本殿周囲を廻(めぐ)る高欄上の5色の座玉(すえだま)は、伊勢神宮ご正殿と籠神社にしかない高い格式を表すものです。さらに言うと、五色のうち青の座玉は、伊勢神宮はブルーですが、籠神社はグリーンです。いにしえの青というのは、本来緑を差しています。

真名井神社境内に湧き出ずる「天の真名井の水」は、しばらく前まで伊勢神宮もここの水を汲(く)み取って神々に捧げていたと言われています。現在は外宮内に井戸を掘って、その水に天の真名井の水の情報を転写して使用しているという話を聞いたことがあります。

さらに驚いたことがあります。なんと、籠神社には十種神宝(とくさのかんだから)の描かれた絵馬や破魔矢があったのです。十種神宝はてっきり奈良の石上(いそのかみ)神宮の専売特許なのだと思っていました。十種神宝は、武士の生みの親である物部氏(もののべし)に伝わる神器で、高い霊力を持っていると言われています。そして石上神宮は物部氏の総氏神でした。

十種神宝は三種の神器を超える霊験があると言われており、信長や秀吉も石上神宮を襲ってこれを奪い、朝廷を超える力をつけたいと考え実行したのですが、石上神宮はこれをすばやく察知して、十種神宝を2組に分けて地方の神社仏閣にひそかに隠したと言われています。

じつは、その1組の神宝がこの丹後一の宮の籠神社に秘匿されていたのです。その証拠があります。籠神社歴代宮司家に伝わる伝世鏡の辺津鏡（へつかがみ）と沖津鏡（おきつかがみ）がそれです。今では、石上神宮に行っても十種神宝の形跡はどこにも見当たりません。2年前に40年務めた退官前の宮司さんにお話を伺いしましたが、私のほうが多くを知っているという感じでした。もしかして宮司さんは本当のことを口外したくなかったのかもしれません。当時、籠神社の神官が石上神宮の金庫番として派遣されていたという事実もあります。

神聖なる空海の水とまない御前

２０１４年９月９日、19年に１度訪れるという重陽と満月が重なった日に、私はリロさんとともに伊勢の内外宮と真名井神社に参拝に出かけました。このときリロさんに真名井神社のエネルギーを観ていただきました。しばらく磐座（いわくら）をじっと観ていましたが、静かなしっかりとした声で「真名井神社のエネルギーは極めて高く、今まで経験したことがない」ということでした。私は、やっぱりそうか、磐座の風格は格別だし、これが本伊勢の姿だと思いました。

そして天の真名井の水を籠神社の近くにある日置海岸から放流しました。リロさんを含めて20名の方々が、真名井の水をペットボトル２本ずつ与佐海に流したのです。この水は世界の海を清めながら地球を一周りして、５年後にまた与佐海に戻ってくると言われています。５年後は平成31年に当たり、遷宮建て替えを予定している年です。

今から25年前、前出の神野々の地に金水と銀水が発見されました。地下１１６０メートルの地点からの神聖なる神水です。かつて空海が、神野々寺の真下には「将来人を救う水が湧き出るだろう」と予言していました。ところが、この金水は霊的に真名井の水と繋がっているという霊能力者がおられ、その人は「今夜の満月にこの金水と銀水を真名井神社の近くの日本海に流すように」と言って去ったそうです。

神野々の「ゆの里」（和歌山県橋本市）の重岡専務は急遽（きゅうきょ）、車を走らせ日置海岸から与佐海へ放流しました。そのときもこの水は世界の7つの海を清めて5年後に戻ってくると言われたそうです。なぜこの金水、銀水が真名井神社の天の真名井の水と霊的に繋がっているかと言うと、実はこの神野々寺の跡地というのは、空海の導きでまない御前が一時滞在していた場所であったという故事に由来しています。

まない御前は籠神社の31代神官の娘で厳子(いつこ)姫と言い、天性の美しさとただならぬ気品を漂わせた女性でした。20歳のとき後の淳和(じゅんな)天皇が皇子のとき、第四妃として迎えられたのですが、26歳のときに宮中を出て、空海の元へ詣でたのでした。

不思議なことに、この空海の水を20年前に私の元へエネルギーを見てほしいと持って来られた方がおられました。すごい水ですね、そう言ってからすっかり年月が経っていました。そして昨年、真名井神社の遷宮建て替え事業に携わってまもなく、旧知の親友が「すごい水があるぞ、知っているか」と紹介して来ました。目に見えない赤い糸で繋がっているとしか言いようのない不思議な話です。

この水は現在、空海の水「月のしずく」として販売されています。エネルギーのわかる人を中心にお買い求めいただいているという重岡社長のお話でした。重岡社長はこの水を使ったハウス栽培を行っています。そこではアートテン・テクノロジーを採用して農業を行っています。

遷宮建て替えのためのアドバルーン

こうしたことからわかるように、真名井神社は古代丹後王国の時代において、地球上に最初に降臨された神の地として祀られた社であったのです。このような畏れ多い神々をこの時期に新しい社にお祀りすることは、私たちの法外な喜びです。この世紀の神事に協力した方々は子々孫々、10代先、３００年先まで護られ家系が繁栄すると言われています。

じつは昨年の5月11日に、宮津にて真名井神社の遷宮建て替えのための演奏会を催してアドバルーンを上げました。全国から３００人以上の人々が集まり、このとき音楽家の瀬戸龍介さんに元伊勢奉納曲のご披露をお願いしました。

瀬戸さんの光響曲「日本の夜明け」元伊勢から、その曲が降りてきたときのことがそのアルバムに記されていますから、ご紹介します。

元伊勢に天と地を結ぶ天の架け橋、天橋立がある。これは正に宇宙への門 Gate To The

Stars！である。世の元からこの地は国常立大神の奥宮であり、天照国照彦天火明櫛玉饒速日大神（あまてるくにてるひこあめのほあかりくしたまにぎはやひおおかみ）の本宮である。そして、天の真名井は伊勢の外宮元宮であり、豊受大神の元宮である。

つまり、命の始まりがここにあるわけである。出雲、伊勢、そして元伊勢が正三角形になり、その頂上に富士が立つ。これで日本という国の本来の形が相整ったわけであり、世の元からの神の経倫が今ここに顕現されたのである。

瀬戸龍介さんは世界的な音楽家です。出雲の60年に1回の遷宮と、伊勢神宮の20年に1回の遷宮が一昨年に同時に行われました。その年に瀬戸さんは「蘇る！出雲」、「はるかなる伊勢」を作詞作曲され、出雲、伊勢に奉納されました。

私は三本の矢を立てるため急遽、元伊勢真名井の曲を作ってくれるようにお願いしました。それを快く引き受けてくださり、3～4カ月後には、真名井神社に奉納することができました。神聖なる音楽で弾みがつき、計画は順調に進んでいます。

第4章

般若心経を量子論で読み解く

般若心経は宇宙情報

般若心経を量子論で解いてみましょう。量子論というのはミクロの世界の話です。この物質世界では物質と状態は区別できますが、原子より小さいミクロの世界ではその区別がなく、物質（粒子）と状態（波動）を併せ持つので不可思議なことが起きます。こうした世界を量子（電子）の世界と言います。そしてミクロとマクロは相似形の世界です。

私なりの方法で般若心経を解いていくことで、アートテン・テクノロジーの世界を少しでもみなさんにご理解いただきたいというのがその趣旨です。

般若心経は、これまでたくさんの方々がそれぞれに読み解いてきました。私もこの17、18年間に般若心経に関する本を30冊以上読んできましたが、よくわからないというのが現状です。というのは、文学者が訳せば文学的になりますし、宗教学者や仏教学者が訳せば宗教的になりますし、哲学者が訳すと哲学的になります。でも、読み終えたら答えが見えないというのが実情です。

私はあるときから般若心経について「これは本当にお経なのか」と、疑問を持つようになりました。というのは、お菓子を前にして般若心経を唱えると、そのお菓子は唱える前よりまずくなるのです。これはいったいどういうことなのか。その疑問を解明するために、2003年ドイツに行ったときに実験をしました。般若心経を唱えるとどういう現象が起きるのか、超能力者のリロ・ミューラーさんに透視していただいたのです。

具合の悪い患者さんに般若心経を唱えると、憑(つ)いていた憑依体(ひょういたい)は慌てて外に飛び出します。けれどまたその身体に戻るのです。しかも戻るときに別の憑依体を連れて戻ります。つまり、般若心経を唱える前よりも状態は悪くなります。この現象から、これはただのお経ではないと判断しました。そして、ここには何かが隠されていると、直感したのです。

では、般若心経とはいったい何なのか。それから私なりに解明を進めました。

私が般若心経はお経ではないと感じたのは次のことからです。サンスクリットでは経は最後に「スートラン」つまり「経」という語句が付くのが普通ですが、般若心経のサンスクリット語にはそれがなく「フリーダヤ」つまり、「般若心」で止まっています。古い時代の漢訳でも「経」がなく「般若波羅蜜多心」で終わっています。ということは266文字は経として作られたものではなく、じつは宇宙の真理に関する研究論文ではないかと思い、研究を始めたのです。

ではなぜ玄奘（げんじょう）の266文字だけにスートラン（経）が付けられたのかと不思議に思うなかで思いついたのは、宇宙の真実を後世に正しく伝え続けるには論文ではなく、経として残せば永久に伝えられると確信したのではないでしょうか。

こうして私は独自論を展開していくうちに、ここに真実を観たとの思いがしました。そして量子論として読み解くと、奥深い般若心経の世界が広がりました。宇宙の情報を取り入れながら、読み進めることで、新たな実態が明らかになることがわかったのです。

量子論というのは、じつは意識を向ければ変化していく世界です。先ほど文学者が解けば文学的に、宗教学者が解けば宗教的に、哲学者が解けば哲学的になると言いましたが、つまり意識すれば、そのようになっていくのが量子論の世界でもあります。

壮大なる宇宙の真理の教え

般若心経は、今まで中国で11回も翻訳されています。そのうち現存しているものが7つあると言われています。その7つのなかで我々が日ごろ使っているものがいちばん有名な般若心経です。

作者は『西遊記』に三蔵法師として出てくる玄奘三蔵（600〜664年）です。原典はサンスクリットで書かれていますが、玄奘は16年間インドにいましたのでサンスクリットをよく理解していました。

645年にインドから帰国する際、玄奘は520経657編の膨大なお経を中国に持ち帰りました。それを長い年月をかけて漢訳しましたが、当然のことながらすべてのお経を訳すことはできませんでした。ところが般若心経だけは2、3日で訳したと言われています。

なぜならたったの266文字だからです。おそらく彼はこの条文のなかにすごい真理が込められていることがわかっていたと思います。いつの時代か、誰かがそれを解読し、永遠に伝えてもらうためにお経として残そうと考えたのではないかと思います。もしかしたら、そこに真理を込めたのは玄奘自身だったかもしれません。

最後の真言ギャティ、ギャティ……だけはそのまま残して訳さず、梵字（ぼんじ）の音だけがそのまま書かれています。当時、梵字の真言というか呪文を訳す風潮はなかったようです。

私もこの般若心経を覚えました。毎晩お風呂に入ったときに声を出して読んでいるうちに、いつの間にか覚えてしまったのです。

では、さっそく般若心経を量子論で訳してみましょう。

高橋呑舟の般若心経訳

前段その①

「壮大なるこの宇宙の真理には原理原則が存在する。この真実の実際の姿を多面的視点から見極めてみよう。その真実の実相とは、物質はもとより非物質、つまり心の動きのみならず、思考（考え）や思想、意思や感情、意識までもが「空」という素粒子で構成されている。これが物質や非物質に本来備わっている性質の根本原理である。あなた自身も空という素粒子で形成されているのだから、素粒子の性質を帯びているということになる。これが宇宙のすべての現象を象徴しており、真実は不変の本性を持っている」

ここでは「空」を「素粒子」として捉えています。素粒子は極限の小さなものということですから、「ゼロ粒子」と言ったほうがいいかもしれません。ゼロというのは何もないということではありません。小さく、小さくしていき、その極小のものをゼロと言います。この素（ゼロ）粒子の性質が、物質や非物質に備わっており、すべての物質やあなた自身、そして思考や感情も、この素粒子の性質を帯びているということです。

昔から「空」という一文字の裡（うち）にはじつに千万無量の深い意味があると言われてきました。「ゼロと無限は矛盾的自己同一で、これを空と称する」とか、「空によって一切は生じ、空でなければ一切は感じない」などです。

前段その②

「さらに明白に表現すると、物質は素粒子と別のものではなく、素粒子は物質と別物ではない。ということは、物質は素粒子でできており、素粒子の集合体が物質を作り出している。まさに前述の如く非物質たる感じることも、考えることも、行うことも、心の動きも、物質と同じ素粒子の働きによるものである」

「色不異空　空不異色　色即是空　空即是色」これは般若心経では有名なくだりですが、

物質と素粒子は別物ではなく同じものだと言っています。それが「色不異空　空不異色」です。物質は素粒子でできており、素粒子の集合体が物質を作り出していますが、これは別のものではなく、同じだと言っています。それを「色即是空　空即是色」と二重に念を押しています。非物質であると感じることも、考えることも、行いや心の動きも、物質と同じ素粒子の働きによるものです。素粒子は私たちの目には見えません。目には見えないけど、空気と同じように存在するのです。

また、ここでは「空」という字のほかに「不」が出てきますが、これは目に見えないが存在するという意味と、従来の「不(あらず)」の意味として使われる場合とあり、この2つを巧みに使い分けています。

前段その③

「つまりあなた自身がそのようであるように、すべての現象や一切の実相は、この宇宙の真理で成り立っている。この素粒子論はどのような状態であっても不変なものであり、存在するが視認できないものである。つまり永遠の真理である」

あなた自身がそうであるように、すべての現象や一切の実相は、この宇宙の真理で成り立っています。この素粒子はどのような状態であっても普遍なものとして存在し、否認できないものです。これを「不生不滅　不垢不浄　不増不減」という短い言葉で表現しています。

中段その①

「もうひとつ大切な真実が存在する。それは素粒子（空）のなかに無（核）が存在するという事実だ。心のうつろいや思考思想などの意識界の世界には、素粒子のなかにこの核が存在する。これは非物質界に属するという特典を意味する。物質を構成している素粒子（空）のなかには、無（核）は存在しないが、思考や行動や意識を司る意識界の素粒子には核が存在する。また、人間の六感や感覚にも核が存在している。しかしながら素粒子の始元値は有限かと思えば下げ止まるが、無限と思えば永遠である。これが量子論の奥義である。このような宇宙の真理を知らないことは、無知で愚かと言えよう」

中段その①の後半には量子論の奥義が述べられている

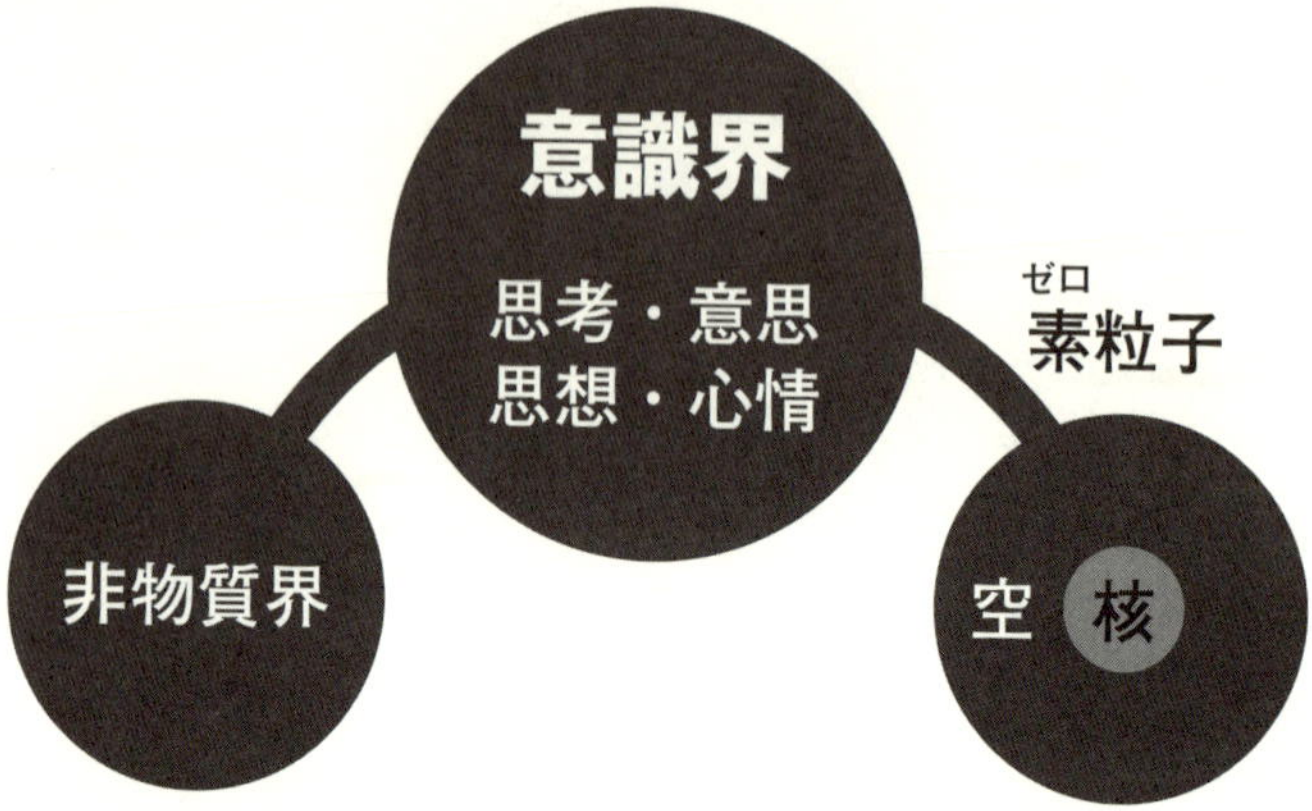

もうひとつの大切な真実は、素粒子の空のなかに無という核が存在する事実です。空というこの小さいもののなかに核が存在し、それを無と言います。無とは核です。心のうつろいや思考、思想などの意識界の世界は非物質世界ですが、この素粒子のなかには核が存在しています。

物質を構成する素粒子のなかには核は存在しませんが、思考や行動や意識を司る意識界の素粒子には核が存在します。また素粒子の始元値は有限と思えば下げ止まりますが、無限と思えば永遠です。このあたりが量子力学たらんところです。そしてこれがまた量子論の奥義でもあります。

じつは「無」は266文字中に21個あります。20個は核の話をしていますが、じつはたった1個だけ、我々が一般に使う「無」を意味しています。「このような宇宙の真理を知らないということは無知で愚かと言えます」と。

非物質界というのは、物質でないもの、自分の能力や精神性とか、そういうものです。要するに目に見えないのですが、このなかに意識界というものがあります。思考、心情といったものです。

意識界というのは自分の意識でいかようにもなるということがあります。能力も、性格も、思考も、思想もそうです。自分の意識でいかようにも動かせることを意識界というのです。

意識界には、「空」という素粒子のなかに核（無）が1個あります。この素粒子「空」の大きさは、どこで限界点をもうけるかによって違います。ひとつの細胞がどんどん小さくなっていき、10^{-68}までたどることができます。量子力学では限界点は無限です。

中段その②

中段その②〈意識界と非意識界〉

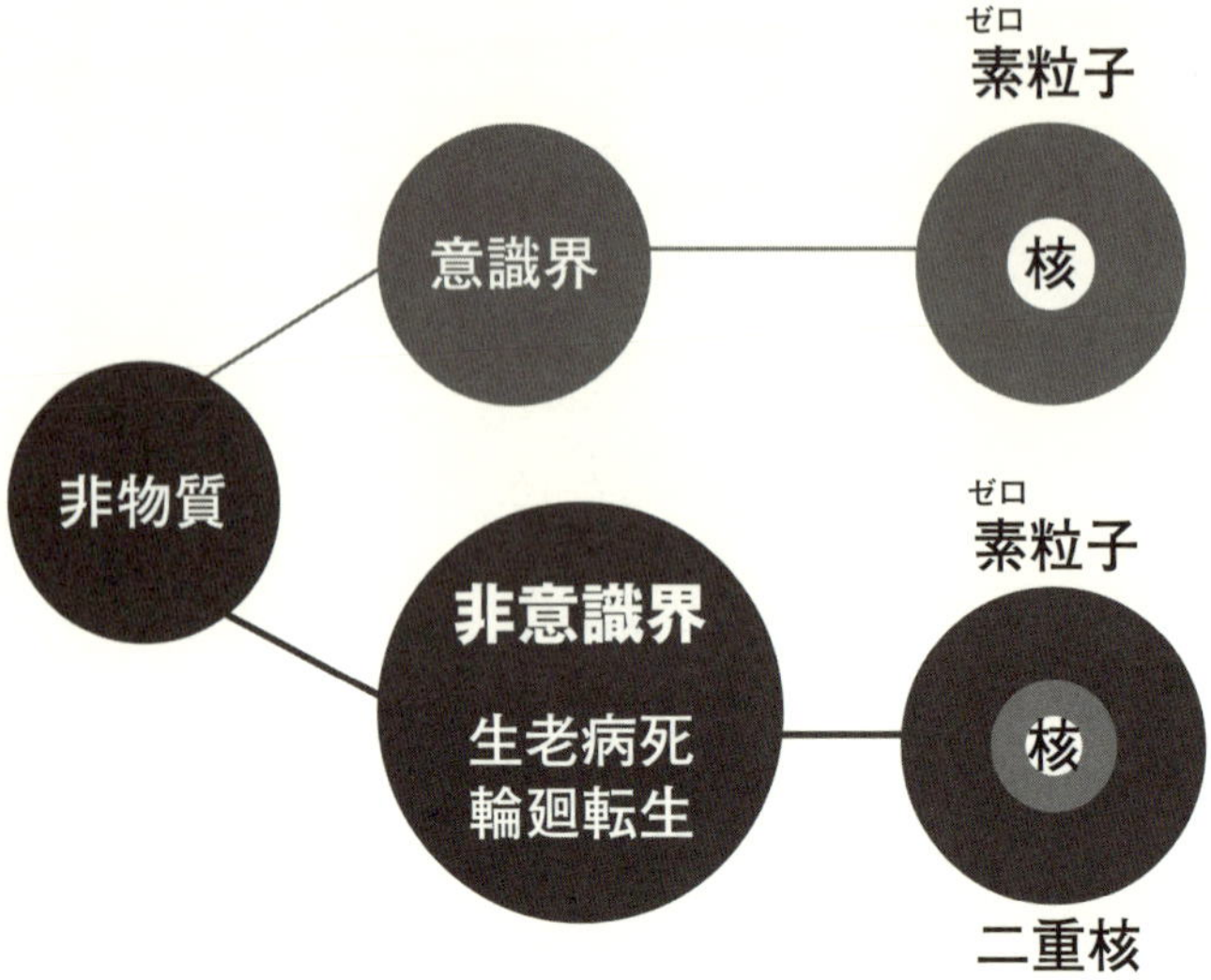

「もっと言うと、老いる過程や、死に向かう過程などの非意識界には二重核が存在する。もちろん老いて死んでいくことも同じである。仏道でいう宿命的な苦の原因や、滅び行く道程にもすべて、二重核が存在している。人間の知恵や徳にもすべて核が存在している。これらに核が存在しないと、意識界や非意識界は物質世界と同じになる。こんなことはあり得ないことだ。

非意識界の代表的な心について述べると、心のさまざまな状態を構成している（空）素粒子の中心にも核がある。つまり、心を妨げるものや、とらわれる心にも、恐れをなすものにも、核が存在している。

この核の存在（働き）が理解できないと、すべては物質界へ逆戻りすることになる。前世、現世、来世の存在も宇宙の真理のなかにあって、輪廻転生（りんねてんしょう）の知恵すらも、（空）素粒子のなかの核がなす実相である。この事実は完璧（かんぺき）なまでも正しいということを知るべきである。輪廻転生は広大無限な宇宙の偉大さと、絶大なる神仏の能（はたらき）の大功力によって機能している。これは不虚なるが故に真実である（是大神呪〜真実不虚）」

意識界とは、我々の性質、性状、能力、思考、思想などの意識の世界です。その意識界にはそれを動かすものがあります。私たちは自分で考えていると思っていますが、実はその粒子のなかの情報が私たちを動かしています。そしてそこには必ず核があります。物質にはその核はありません。

そして非意識界は、自分の意識ではどうにもならない生老病死や輪廻転生などの宿命です。そこには無が2つ並び、二重核の存在を意味しています。これが最も大事なことです。

人間の意志と行動はまったく別々の構造ではなく、すべて素粒子に起因しているのです。人間の意志と行動は繋がっていてコントロールされています。

後段

「すでに述べてきたことであるが、言うなれば物質界はもとより非物質界の人間の行為のすべて、つまり日常の心の働きとその行動は、完全なる不二一体なるものであることは、空（素粒子）に起因するからである。これが万物万象や千思満考を表す宇宙の知恵であり、効験である」

「空」は数字の「0」で、「始原」を意味する

続いて、もうひとつの見方をしてみましょう。

般若心経266文字のなかに、「空」という文字が7個、「無」が21個、「不」が9個あります。この数字にも意味があります。

まずは、空を見てみましょう。この「空」が解明できれば、般若心経がわかると言われています。

空をサンスクリット（梵語）ではシューニャー、あるいはシューニャーターと言います。

その空は、じつは数字のゼロを意味しています。私はそれを宇宙情報から知っていました。それでどこかにその証拠がないかと探していたのです。それがここにありました。見つけたのです。つまり、空とゼロはサンスクリットでは同じだったのです。

ということは、空＝ゼロということです。ゼロということは、先ほども言いましたが、何もないという意味ではなく、ずっと極限にないものに近づいていくという意味です。私はそれをゼロ粒子と言っています。つまり極限の小です。

小柴さんが発見したニュートリノは10^{-15}、そしてクオークは10^{-19}、そして今研究中のヒッグス粒子はおよそ10^{-21}くらいだろうと言われています。

ところが極限の小はそんなものではありません。もうここでいいというところがおよそ10^{-68}で、我々人間が使っている単位の最高単位です。とりあえずそこで下げ止まるとします。そこはどうなっているのでしょうか。

けれど残念ながら我々は電子顕微鏡を使っても10^{-10}までしか見えません。ですから10^{-68}まで見るのにあとどのくらいかかるかわかりません。

ＤＮＡ検査で将来かかる病名がわかると言われていますが、そのＤＮＡが10^{-9}です。したがって地球人の能力では10^{-68}が下げ止まりなのです。そこを始原粒子とします。さらに文明

「空」の梵語（サンスクリット）

シュー　ニャ（ン）

※「空」は「0」を意味する

が発達してさらに細かいところまでわかれば、そこが始元になります。

しかし宇宙はさらに無限です。そして我々も無限です。アートテン技術で使っている最小単位というのは、じつは10^{-100X}です。その世界の情報を使っているのです。

宮沢賢治も「空」を理解していた

その空（ゼロ）が266文字のなかに7つあります。これにもまた深い意味があります。空はゼロ粒子であり始元粒子だと言いました。空は最初のスタートの粒子であると言っています。では、なぜその空が7つ使われているのでしょうか。その7という数字に意味があります。

じつは、空とゼロの関係は、宮沢賢治の作品「銀河鉄道の夜」からも読み解くができます。この物語の始発駅は、白鳥ステーションという駅です。そして終着が南十字星。白鳥ステーションは白鳥座を指しています。これは北十字星とも言います。

在藤泰秀さんの星座番号によれば白鳥座の数字は7です。

始発駅を白鳥駅という名にしたということは、宮沢賢治も、空＝始原＝7ということを知っていたのではないでしょうか。宇宙の真理は真に求めた人にだけその普遍性を開示します。

「無」は「9」で、「神の働き」を意味する

次は「無」です。般若心経に含まれる「無」は、266文字のなかに21個あります。その無のなかでもひとつだけ違うと言いました。核として使っているのは20個です。

そこで無の梵字を見ますと、「ナウ」といい、数字の「9」を意味します。私はこのことも上とコンタクトしたときに聞いていました。そこでどこかにそれを証明するものはないかと思って探していたのです。

無と9はサンスクリットではほとんど同じ発音なのです。そして、9という数字には「神の完全なる働きのパワーを持つ」という意味があります。

無には「核」という意味があると言いました。核というのは中心に位置して神の働きの影響を受けます。ということは物質には核がありませんから神が存在しません。物質には神は介在しないのです。

けれど、私たちの思考、思想、信条などには神の働きが影響しているのです。空（素粒子）のなかは情報とエネルギーで充満しているからです。そして空（素粒子）はすごいスピードでつねに振動しています。こんなに動き続けている地球も、じつは私たちには静止して見えます。その振動数は10^{266}。これも般若心経の266文字と同じ数字です。

工学博士でサイ科学の権威だった関英夫先生の理論に「念波」というのがあります。3次元世界では光が最も速いとされていますが、高次元になれば光よりはるかに速い波が存在します。それが「念波」です。次元が上昇するにつれてそのスピードは増します。私も海外など遠方に出かけたときは日本にいろいろ念波を送って実験をします。そのときに送り出す波長のスピード、これが関先生の理論では10^{100}です。

地球上に人間は72億人います。けれど誰ひとりとして同じ顔の人はいません。誰ひとり

「無」の梵語

ナゥ（ナー）
na

※「無」は数字の「9」を意味する

として指紋が同じ人もいません。それは神のなせるわざにほかなりません。人間にはどんな技術を使ってもできないことです。

じつは顔も指紋も全部情報でできています。情報の質、種類、量、組合せなど、もろもろの違いによって、全部違う形になります。その情報量は無限無数です。

たとえば、空が真っ暗になるほどの無数の鳥の群れを見たことがあると思いますが、その群れは一瞬にして方向を変えて飛びます。その素早い動きのなかでも衝突することなく秩序よく飛行しています。空のなかに存在する素（ゼロ）粒子のなかに情報があるから、ぶつかり合ったり団子になったりということはないのです。

先日、面白い話を聞きました。昨年末、出雲に出かけたときのことですが、そこには万九千神社という神社があります。神さまは旧暦10月に出雲の国に集まりますが、昨年は12月でした。出雲ではその月を神有月と言います。どのくらいの神さまが全国から集まるかといえば、八百万と言われています。

八百万の神さまは稲佐の浜に上陸し、出雲大社で10日間会議をして、お立ちになるときに、この万九千神社へ寄ってお疲れの直会をされるそうです。万九千神社は八百万の神々の直会会場ですから、これは大変です。そのとき宮司さんがおっしゃいました。

「みなさん、八百万の神さまがこんな小さな社に入ると思っていないでしょう。でもじつは入るのです」

これもゼロ粒子の情報と同じです。

一方、「不」は先にも説明しましたが、視認できないが存在しているという意味と、従来の「不」の意味「……ない」（否定）をたくみに融合させて使用しています。

これ以外にも玄奘はいろいろな仕掛けをしています。般若心経は大般若経の真髄を極めたものであり、６００の経典からいいところだけを集めて作ったと言いますが、６００近くの経典からたった266文字で構成するのに、そこになぜ同じ漢字を空は7個、無は21個、不は9個も使うのでしょうか。

霊験あらたかな般若心経

ここにはもうひとつ隠された秘密があります。何が隠されているか。それもまた彼が作った傑作です。

「般若心経」の266文字を、縦14行、横19行（その幅14ミリ）に並び替えてみましょう。14行にすると驚くべきことに、266文字はぴたっと19行に収まります。また14×19で266ミリになります。ここでも数字がピタリと合いますね。そして整然と並びます。

では、そこにどういう秘密が隠されているのでしょうか。

このなかに空7文字、無21文字、不9文字がどこにあるか、見ていきましょう。

空、不、無の37文字と数字の一と三を重ね合わせ、さらにこれを写し鏡にして鏡文字としてみます。すると、そこには梵字が現れます。その文字はアークという大日如来を表す梵字です。また数字の17を意味しますが、これは高次元支配の神霊を表わしています。空

14×19の般若心経

波	多	一	大	提	波	倒	礙	提	集	明	眼	眼	不	諸	是	色	照	観
羅	咒	切	明	故	羅	夢	無	薩	滅	尽	界	耳	滅	法	色	不	見	自
僧	即	苦	咒	知	蜜	想	罣	埵	道	乃	乃	鼻	是	空	受	異	五	在
羯	説	真	是	般	多	究	礙	依	無	至	至	舌	故	相	想	空	蘊	菩
諦	咒	実	無	若	故	意	故	般	智	無	無	身	空	不	行	空	皆	薩
菩	曰	不	上	波	得	涅	無	若	亦	老	意	意	中	生	識	不	空	行
提	羯	虚	咒	羅	阿	槃	有	波	無	死	識	無	無	不	亦	異	度	深
薩	諦	故	是	蜜	耨	三	恐	羅	得	亦	界	色	色	滅	復	色	一	般
婆	羯	説	無	多	多	世	怖	蜜	以	無	無	声	無	不	如	色	切	若
訶	諦	般	等	是	羅	諸	遠	多	無	老	無	香	受	垢	是	即	苦	波
般	波	若	等	大	三	仏	離	故	所	死	明	味	想	不	舎	是	厄	羅
若	羅	波	咒	神	藐	依	一	心	得	尽	亦	触	行	浄	利	空	舎	蜜
心	羯	羅	能	咒	三	般	切	無	故	無	無	法	識	不	子	空	利	多
経	諦	蜜	除	是	菩	若	顛	罣	菩	苦	無	無	無	増	是	即	子	時

海はこの梵字を最高のエネルギーとしています。

今度は無だけでやってみましょう。「無」21文字を右から10行のところを縦軸にして回転させると、そこには殷・周時代の文字空（くう）が出現します。つまり「無」とは神のご意思を暗号化したもので、その根本は「空」つまり「0粒子」です。

しかし、暗号化されているため存在していますが視認できません。これが「不」の意味です。

それをやはり写し鏡で見てみますと、今度はサンスクリットの41という数字が出てきました。数霊41は大

鏡文字にする

アーク　大日如来が浮かび上がる

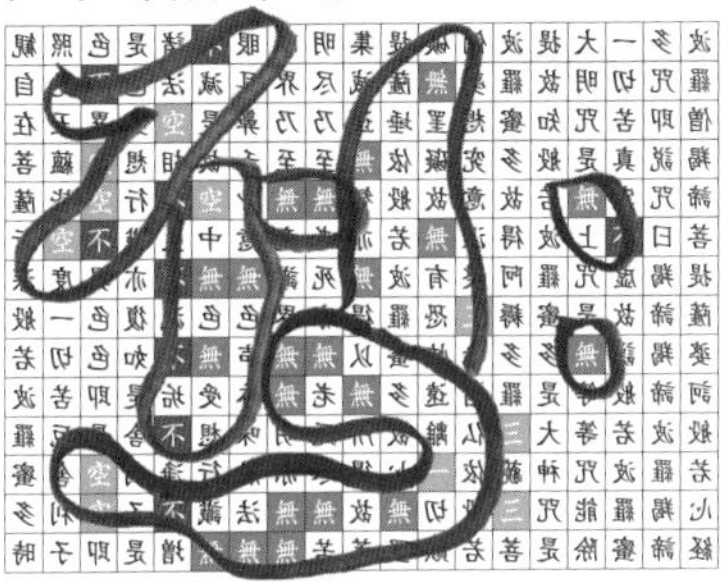

アーク　大日如来

胎蔵界曼荼羅

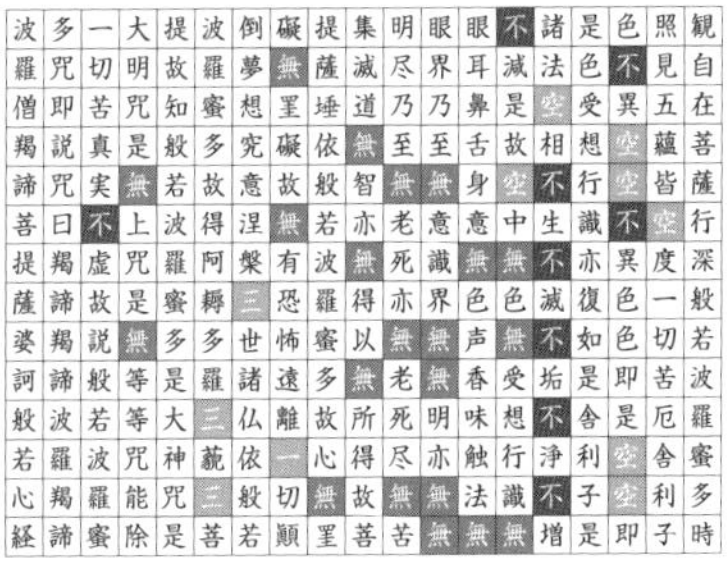

※サンスクリット41の梵字が浮き出る

日如来を表わすといわれています。また、これは牡牛座の数字です。牡牛座というのは星座の中心の中心ですから、「宇宙の中心」を表しています。宇宙の中心ということはプレアデスです。ということは、この情報はプレアデスから来ているということになります。

また、空7文字、無21文字、不9文字を足すと37になります。この37という数字は「牛飼い座」です。牛飼い座の意味は、「高次元支配」です。ということは神の世界を表しています。こうした数字による情報を読み解けば、般若心経はプレアデス星団の情報に基づいて作られていたということになります。

般若心経の効験とは

霊験あらたかなのは、縦14文字の横が19行の般若心経だということがわかりました。では、それがどんな効果をもたらすかを霊波センサーで調べてみました（フーチはある程度までは当たりますが究極的にははずれるので、私は在藤先生が開発された霊波センサーを自分で作って使用しています）。

14字×19行に書かれた般若心経の上28センチ（14センチ×2）にペットボトルに入れた水を14秒置き、それをセンサーで測ってみました。この距離も重要で、この距離がいちばんエネルギーが集中します。するとゼロ磁場と同じようにセンサーはビクとも動きません。ただの水道水は、センサーは横に動き出します。

その浄化された水で冷茶を入れると、お茶がきれいに出ます。普通は水でお茶は出ません。またこの水を油と混ぜるときれいに乳化します。それはこの水が聖水になっていることを意味しています。ルルド泉の水と同じ聖水です。この映像を透視してもらうと、その水からものすごいエネルギーが泡のように出ているそうです。

やはり14×19の般若心経は、霊験あらたかなものになっているのです。この14と19の数字は、金沢大学講師の藤野先生から教えていただきました。そこで自分で調べてみたところ、こんな結果が出たのです。

また大切なことは、最後の真言はサンスクリットで正確に言うことです。そうでないと真のエネルギーが出ません。「ガーティガーティ　パーラガティ　パーラサンガティ　ボディスヴァハー」と。瀬戸内さんの解釈は多数ある般若心経の解説のなかでは、ある程度理解しやすくすばらしいものでした。

「この世のすべての形あるものは有ると思えば有るし、無いと思えば無いのだよ。心で感じたり考えたりすることも、有ると思えば有るし、無いと思えば無いのだよ」とあり、最後に「人もみな、永遠に幸福な地に入るための『智慧』を知ることができます。それは有り難い仏の『呪文』です。その呪文を唱えれば、誰もが、すべての苦しみから解き放たれます。さあ、その呪文を教えましょう」と結んでいます。（『絵本般若心経』瀬戸内寂聴　講談社）

この真言を正確に唱えますと、宇宙の壮大なる愛を授かると言われています。そして人間としての霊性と精神性を開く呪文となります。唱え続けると、幸せホルモン、オキシトシンが分泌されます。

「アリババと40人の盗賊」の話を知っていますか？　まさに「開けゴマ！」です。そんな気持ちで唱えると、さらに効果的です。

では、最後に要点をもう一度おさらいしましょう。

空、不、無の３つの文字が何を意味しているかということをしっかり捉えることです。

空は素粒子、それもゼロ粒子です。無は核です。その核も自分の考えや能力だけなら１個ですが、神が介在する宿命には２重にあります。ここには誰も手が出せません。１個までは私も変えられますが２重はできません。そのようなしくみになっています。

また14×19の般若心経のなかには、たくさんの文字が隠されていました。それも正面から見ただけではわからないようになっていて、鏡に映したり、回転させることによって見えてきました。

そして私が驚いたのは素数の配列でした。宇宙は素数でできていますが、般若心経の１から２６６文字のなかにその素数が57個あったことは驚きでした。

こうしてみてみると、玄奘の般若心経はすばらしいものであることがわかりました。般若心経の解読法を一緒に見ていただきましたが、こうした手法は私がいつもアートテンで使っているものです。それを農業や医療に使用し、またあらゆる産業に使用していますが、そのベースにはこうした「般若心経」の解読方法と同様の手法を用いています。

ガ Ga
ティ te
ガ ga
ティ te
パー pā
ラ ra
ガ ga
ティ te
パー pā
ラ ra
サム saṃ
ガ ga
ティ te
ボウ bo
デヒ dhi
スヴァー svā
ハー hā.

第5章

ヒューマンロードとは何か

人間に生まれ出ずるためのパスポート

「来世も人間に生まれてきたいですか」と聞かれて、こんなツライ世の中だったら、もう嫌だという人もいるでしょう。しかし、来世も人間として同じように生まれてくる可能性はひじょうに低く、たいへん難しいと言われています。

では、どのくらい難しいのでしょうか。お釈迦様はその確率をこんな例えにして話されています。

目の見えないウミガメが100年に1度海面に顔を出します。そのとき、ちょうど、ウミガメの頭が入るほどの穴があいた板きれが海面に浮いていて、その穴にウミガメが頭を突っ込むほどの確率。

また別の例えでは、エベレストのてっぺんに針を刺しておいて、地上から糸をパーッと投げて、その針の穴を通るほどの確率。

まったくないとは言えませんが、無限に近いほどの難しさです。そう言われれば、本当にそうかなあと思いますが、私たちはそれほど本気で人間への生を望んできたことになります。

多くの仏教哲学書にも人間としての生は無常であると書かれています。常に人の道に生を受けることは難しく、これを無常と言い、常にあるものはないと言っているのです。

生まれて、いろいろな政変や天変地異などを幾度も経験し、人間の生活のはかなさを痛感しています。人としての幸福を追い求めては、そのたびに挫折し、途方にくれています。そのため求める幸福には虚しさがついてまわります。

『方丈記』における無常

鎌倉時代に書かれた『方丈記』を見てみましょう。作者は鴨長明（かものちょうめい）（1155～1216年）です。

行く川の流れは絶えずして
しかも本の水にあらず。
よどみに浮かぶうたかたは、
かつ消えかつ結びて久しくとどまる
ことなし
世の中にある人と栖と、
またかくのごとし

訳してみますと、生きとし生ける生命も途絶えることなく繰り返し流転するが、元のままではない。生まれ変わりはどこに生まれるかしれない。すべての生命体の生まれ変わりは生と死を繰り返すが、同じことの繰り返しは難しい。

つまり、また人間として生まれ変わるのは難しいと言っています。

鴨長明は、大規模災害や政治の大混乱などの世の中に生まれ、その生は大変だが、自然の法則には逆らえない。それを乗り越えるには、祈りしかない、と言いました。

鎌倉時代は飢餓や疫病が続き、源平の合戦もあって戦火が絶えず、大変な時代でした。

また台風、竜巻などの自然災害も起き、大火もありました。次から次へと大変なことが起きた時代であり、そうした無常の世には逆らえず、それを乗り越えるには祈りしかないと言うのです。天皇をはじめ、神職、住職、全員がひたすら祈りました。

木喰（もくじき）というすばらしいお坊さんがいましたが、彼は日本全国を仏像を彫って全国の寺に置いて歩きました。千体、２千体の仏像を作り、朝晩懸命に祈りましたが、何の効果もなく、「神も仏も昼寝なりけり」という言葉を残しています。ですから『方丈記』にあるように、いくら祈っても何の効果もなかったのでしょう。

これが結論です。もしこれが本当だとすれば、私たちはどんなしくみのなかから今生に生まれてきたのでしょうか。どう生きればいいか、鴨長明もその答えを得られないまま筆を置いています。享年62歳。

では、その答えを求めて次に進みましょう。どのように生きれば人道への道標を見つけることができるのか、これが人間界最大のテーマです。それはまた何のために生きているか、ということでもあります。

「いろは歌」からわかること

いろいろ探っているうちに、「いろは歌」に行き着きました。

いろはにほへとちりぬるを
わかよたれそつねならむ
うゐのおくやまけふこえて
あさきゆめみしゑひもせす

私の先輩の父親に、東大名誉教授で浄土真宗本願寺派僧侶の花山信勝先生というすばらしい方がいました。彼は戦犯の東条英機さんたちの教誨師(きょうかいし)をされた方でもあります。そして「死ぬその日まで、心身ともに健康でその日を迎えましょう。東条さんもぜひ来世もまた人間に生まれてきてほしい」とおっしゃっています。

その花山先生の「いろは歌」の訳が手元にあります。以前、先輩から頂戴したものです。

形のあるものは移り変わり、
人の世は常に同じはありえない。
相対のこの世を乗り越えて、
絶対の真の世界に生まれよう

この訳にたいへん共感した私も、続けて訳しました。

すべての生命体は生と死を繰り返す。
人間として生を授かることほど難しい。
この世は相対の幸福に満ちているが、とらわれるな。
人の道に生まれ授かることが絶対の幸福である。

相対の幸福というのは、お金が欲しいとか、ダイヤが欲しいとか、おいしいものが食べたいとかいった、通常私たちが持っている欲です。これを相対の幸福と言います。それは人と比較しています。あの人より私はお金持ちだとか、あの人より私はすごいものを持っているとか比較しているのです。比較して、優越感を感じ、自分は幸福だと思っているのです。

けれど、比較した相対の幸福は本当の幸福ではありません。相対の幸福は死んだ瞬間、何も残らないからです。いくらお金を持とうが、いくら地位や名誉があろうが、死んだとたんに全部無に帰します。それは絶対の幸福ではありません。

では、絶対の幸福とは何かと言えば、絶対に変わらない幸福だということになります。命が続くかぎり永遠に、死んでも変わらず、と願うが絶対の幸福です。それは何かというと、やはり、また人の世に生まれてくることです。

肉体がなくなっても魂は永遠に存します。そのとき、また人間として生まれてくることが永久に保証されているなら、こんな幸福はありません。『生きる意味１０９』（1万年堂出版）にはそのことがよく書かれていますので、ぜひ参考にしてください。

死期の四苦（死後たどる道）

亡くなってからの四苦にはこんなものがあると思います。

①　臨終成仏（霊界への道）
②　後世至福（浄土への道）
③　六道輪廻（生まれ変わる人の道）
④　来世幸福（試練の少ない人生行路）

通常は、次の「人生四苦八苦」です。

⑤　愛別離苦（あいべつりく）——　愛する者と別離すること
⑥　怨憎会苦（おんぞうえく）——　怨み憎んでいる者に会うこと
⑦　求不得苦（ぐふとくく）——　求める物が得られないこと
⑧　五蘊盛苦（ごうんじょうく）——　五蘊（人間の肉体と精神）が思うがままにならないこと

この４つの苦（思うようにならないこと）に、生死病死の四苦を加えて八苦と呼びます。

輪廻転生の世界

誰もが絶対に死にます。死なない人はいません。絶対という言葉はこのためにあるようなものです。死んで後は、確実に成仏できますか、という問題があります。今、たくさんの人が未成仏となって私たちと棲を共有しています。それから親鸞（しんらん）さんが言ったように、極楽浄土へ行けますか。日本は仏教国ですが、これを真剣に考える人は少ないようです。

ケニアの人たちは1年に1回、必ず聖地へ巡礼に行くというのを以前、テレビで見ました。しかも裸足で歩いていきますから1週間かかります。私もルルドへ行きましたが、そのときはオランダからバスで往復1週間かかりましたが、彼らに比べると楽なものでした。さらに彼らは往復2週間分の食料を担いで行きます。それは何のためかと言うと「あの世へ行って、極楽浄土へ行くため」と言っていました。

今の日本人は、私も含めてそんなことを考えません。今の幸福な環境に浸っているからでしょう。親鸞さんは悪い所業をしたとしても「南無阿弥陀仏」を唱えれば極楽浄土に行けると言いましたが、なかなかそうはいきません。

生まれ変わるとして、果たしてまた人間として生まれ変わってくるかどうかはわかりません。たとえ人間に生まれてきても、あまり試練のない人生を送れるかどうかというと、やはり前に挙げた死期の四苦があります。死期が近づいたときにはまた、安らかに死ねるかどうかという苦しみもあります。

では、仏教哲学で語られる「輪廻転生」の概念を見てみましょう。私も今から20年前に、中川雅仁さんの真氣光養成講座でその話を詳しく聞きました。ところが当時はまだ若かったので、あまり関心を持ちませんでした。六道輪廻のお話です。でも60代の今では、やはり他人事ではありません。しかもこうした研究を始めますと、知らないうちに死への旅立ちの準備を始めています。

まず、六道輪廻の概念の図というものがあります。そこには天道・人道・阿修羅道・畜生道・地獄道・餓鬼道の6つの世界が描かれています。

天道というのは、人間の世界より苦の少ない神の世界です。ただし、迷いも死苦も存在します。ここに生まれ変わったとしても、また生まれ変わります。このときに地獄へ行くかもしれません。苦はどんなところへ行ってもあるのです。

人道は人間として存在する世界ですが、四苦八苦に悩まされます。阿修羅道は阿修羅の住む、争いや怒りの絶えない世界。戦っても常に負けます。畜生道は人以外の動物になり、食うか食われるかの弱肉強食を味わう世界。餓鬼道は常に飢えと渇きに苦しむ亡者の世界です。

人道は、苦や悩みも多いですが、他の四道と比べると比較にならないほどすばらしい道です。何度繰り返しても必ずここへ行ける、そのコツをつかむことがやはり大切です。

「人間っていいな」と言いますが、そんなに人間はいいのかと思うかもしれません。では、動物や植物がどんなふうに人間をみているかというと、子どもの頃に歌った歌を思い出してください。小林亜星さんが作曲した「人間っていいな」の歌詞です。

くまのこやもぐらのような動物たちから見れば、幸せな環境に生きている人間こそ最高（一等賞）です。運動会のびりっ子や、かくれんぼうで鬼に見つかった、頭隠して尻隠さずの子どもも、動物から見たら一等賞、最高の環境にいると歌っています。

本当に人間界に生まれてよかったと思いませんか。

宮沢賢治の哲学

では、どうすればまた人間に生まれ変わるパスポートが手に入るのでしょうか。じつはそれは宮沢賢治の「雨ニモ負ケズ」に書かれています。

幸い、私は岩手の出身です。祖父は宮沢賢治の隣村の村長でしたから、きっと賢治の農業指導を受けていたに違いありません。そんな縁もあってか、私は賢治が好きで宮沢賢治記念館には何回も通いました。

というのも、中学校の学芸会で私はいつも主役をやっていたのですが、中学2年生のときの劇は「バナナン大将」という題で、先生が作ったシナリオで演じました。それがじつは賢治の戯曲だったことが、後に記念館に行ったときにわかって驚きました。バナナン大将は勲章をいっぱい付けていますが、その勲章は全部お菓子で、肩に付けた房がバナナ。兵隊さんはみんな飢えていますから見せてくれ、見せてくれといって、バナナはちぎられ、みんな食べられてしまいます。当時はバナナ1本100円しました。給料が5000円の時代でしたからとても高価でした。その劇中、みんなはバナナが食べられますが、大将の私は食べられません。そこで先生にお願いして1本だけ取っておいてもらい、食べたバナナのおいしかったこと。その味は今も忘れられません。

そんなこともあって20年近く私は宮沢賢治の研究をしてきました。そして、今生をどう生きれば人道へ到達できるか、鴨長明が求めた答えは、まさに宮沢賢治のこの詩にあると思いました。

「雨ニモマケズ」

雨ニモマケズ
風ニモマケズ
雪ニモ夏ノ暑サニモマケヌ
丈夫ナカラダヲモチ
慾(よく)ハナク
決シテ瞋(いか)ラズ
イツモシヅカニワラッテヰル

一日ニ玄米四合ト
味噌ト少シノ野菜ヲタベ
アラユルコトヲ
ジブンヲカンジョウニ入レズニ
ヨクミキキシワカリ
ソシテワスレズ
野原ノ松ノ林ノ陰(かげ)ノ
小サナ萱ブキノ小屋ニヰテ
東ニ病気ノコドモアレバ
行ッテ看病シテヤリ
西ニツカレタ母アレバ
行ッテソノ稲ノ束ヲ負ヒ
南ニ死ニサウナ人アレバ
行ッテコハガラナクテモイヽトイヒ
北ニケンクヮヤソショウガアレバ

ツマラナイカラヤメロトイヒ
ヒドリノトキハナミダヲナガシ
サムサノナツハオロオロアルキ
ミンナニデクノボートヨバレ
ホメラレモセズ
クニモサレズ
サウイフモノニ
ワタシハナリタイ

ここに歌われているのは、まさに仏教哲学です。賢治は法華経を信じていましたが、家の宗教は浄土真宗でした。ご先祖も、ご両親も、みんな浄土真宗を信じてきたのです。それを賢治は泣いて頼み、先祖から伝わってきた信仰を法華経に変えてもらいました。彼の言うことを聞いたお父さんも偉いですね。そうした彼のこの詩を文学的にはおかしいと批判する人もいます。詩の形をとっていますが、じつは歴とした仏教詩と言えます。仏教哲学から見ると、法華経はいちばん深い内容を持つとされています。ですからその批判はあたりません。

ちょっと脱線しますが、こうした批判は違うところにもあります。宮沢賢治のと同類の批判をした人に、ドイツの建築家のブルーノ・タウト（1880～1938年）がいます。彼は桂離宮と日光東照宮を比較しました。京都の桂離宮は「泣きたくなるほど美しい」と言い、一方の日光東照宮は「建築の凋落（ちょうらく）。しかもその極致である」と言いました。簡素な桂離宮は美しく、装飾的な東照宮は醜いというわけです。

この批判は後世まで影響を与え、関係者はたいへん悩んだそうです。建築と装飾建築とは違います。それだけではありません。東照宮には東照宮信仰の「神学」を表象しているコスモロジーがあります。私も東照宮に3年間通ってこの建築を研究しました。その結果、そのひとつひとつに宇宙の情報が集まってくるように作られていることがわかりました。たとえば大きな彫刻が入口の両側に廻廊としてありますが、ここには災難避けの彫刻がずらりと並んでいます。だから日光東照宮は戦火があろうと、天災があろうと、これまで残ってきました。そこには天海大僧正の存在が秘められています。この話をすると長くなるのでまた別の機会にしたいと思います。

要するに批判は自由ですが、的を外してはなりません。比較の内容が違います。賢治も

宮沢賢治の手帳の最後のページはお経が描かれていた

南無妙法蓮華経

南無無邊行菩薩
南無上行菩薩
南無多寶如来
南無釈迦牟尼佛
南無浄行菩薩
南無安立行菩薩

文学的に読む場合と、宗教哲学として読む場合では異なるでしょう。私はこの詩を仏教哲学として捉えています。この詩は賢治が亡くなってから3年後に、彼の手帳に書かれているのが遺品から発見されています。

この詩の最後にもう1ページ大事な箇所があります。そこに南無妙法蓮華経のお題目とお経が繰り返し描かれています。

じつはここが大事です。要するに、この最後の1ページがあることで、この詩が彼の仏教的哲学だということがわかるのです。

大切なのは利他愛

詩の内容を見ていきましょう。ここに書か

れていることは、

丈夫な身体が大事です。身体が丈夫でなければ何もできません──→心身の健全
欲はなく、いつも静かに笑っている人間性が大切です──→人間性の豊かさ
簡素な生活、他者に対しての奉仕が大切です──→利他愛
自然に逆らわず、控えめで慎み深く謙虚です──→謙虚

「雨ニモマケズ」の詩は、この4つをキーワードとして読み解くことができます。賢治はこの詩で、質素、簡素な生活をし、奉仕の精神で、他人のために自分自身を役立てようと言っています。その精神は利他愛（心）にほかなりません。

利他愛は宇宙の法則にマッチしています。他の役に立ち、他を支え、喜びを与える行為こそが、宇宙のしくみの根幹に位置している最も大切なものだからです。そしてこの利他愛こそが、人間が人間として生まれるためのパスポートとなります。

私も自衛隊で勤務し24歳で結婚しましたが、土日には若い学生を家に呼んでご馳走していました。日ごろからできるだけ質素な生活をし、人様にはいっぱい施して、お腹がいっ

ぱいになったところで話をするものを喜ばしい方向にもっていくのが料理のおもてなし、そんな暮らしをしていました。当時は給料も少ないですから、朝4時に起きて山にわらびやふき、ぜんまいを、5月の連休にはたらの芽、秋にはキノコをいっぱい採っていました。質素な生活でしたが、そこには人を思いやる喜びがありました。

何より大切なのは利他愛です。利他愛とは、他人のために自分自身を役立てることです。ところが、現代人の悩みというのはたくさんあります。いろんな誘惑があり、こだわりやとらわれが、人道の道を阻みます。それは相対の幸福を求めようとするからです。

この世にはとんでもない魔物が棲(す)んでいますが、それは金品欲、食欲、攻撃欲、優越欲、性欲、権力欲、支配欲、自己顕示欲です。また嘘や裏切りもあります。こうした魔物から抜け出られない人がほとんどです。それが自己愛、自己欲、利己主義です。

では、自分の未来のためにどう生きればいいのか。人間の生きる目的はいたって簡単です。死後に待ち受ける次の生活に備えて準備することです。人の道に再び生まれ授かるために自分には厳しさを求め、謙虚さを学ぶまで試練は続きます。

40歳を過ぎて人生の後半に入ったら、このことを思い出してください。宮沢賢治は37歳で亡くなりましたが、さすがに法華経の精神で、身体が蝕(むしば)まれていても、最後にあの詩を書きました。後の世に続く人たちにあの詩は残されたのです。ただの文学ではありません。

「ありがとう」の本当の意味

あなたはこの世に、人間として生まれてきたことに感謝したことはありますか。また、その感謝は誰にするのでしょうか。この宇宙を統制しているもの、とてつもない力、神、そうしたものに本気でお礼を言うことです。

お礼の言葉として私たちは「ありがとう」と言いますが、その意味は、あり（有）得ない（難）ことがあることを指しています。ですから本当は「ありがとうございます」です。その10文字を言うことです。

それが宇宙の法則において、人間界に送り出していただいた神に対するお礼の言葉です。そして感謝は「神謝」です。神のおかげで私たちの今生があります。

関西ではよく「おおきに」と言いますが、その語源は「大きに有難し」です。紀州や鹿児島では「あいがとう」と言いますが、その意味は「愛にこそ真実がある」です。「おかげさま」にも同じ意味があります。漢字で書くと「御果偈様」。これも仏教用語ですが、「果」は宇宙の力によって得られる幸せであり、「偈」は宇宙の徳によって得られた能力のことです。空海が言う神はすべて宇宙のことです。

いずれも宇宙の力（神の力）により、この世（人道）に生を授けさせていただいた喜びと、人間としての能力を授けてくださったことへのお礼の言葉です。

「ありがとうございます」「おかげさまです」と、天上の主に向かってお礼のお言葉を述べますと「どういたしまして」という返事があり、「元気でやっているかい」「しっかりやれよ」と、励まされるような気がするのは私だけでしょうか。みなさんもぜひ、この世に送り込んでくれた目には見えないすごい力に対して、感謝の言葉を述べてみてはいかがでしょうか。

真のヒューマンロード

では、最後に、白隠（はくいん）禅師の言葉をプレゼントしたいと思います。

白隠禅師は静岡県原宿（沼津市）の出身です。「駿河（するが）には過ぎたるものが2つあり、富士のお山と原の白隠」と言われるほどの極めて優れた高僧でした。白隠さまの影響を受けた人たちが、明治維新の本当の源動力になったと言われています。

その白隠さまがいつも大事に拝んでいたものがありました。何を拝んでいるのだろうかと弟子たちが不思議に思って、亡くなってからその封筒を開けてみたそうです。そこに書かれていたのは、次の言葉でした。

「世の中のことはなるようにしかならん」

この言葉には千万無量の深い意味があり、とうてい私ども凡俗には解釈できません。とはいえ、こういうことではないかと思います。「一生懸命に努力に努力を重ね、お祈りをし、天との約束をとりつける」

「なるようにしかならん」とは、天がかかわった結論ですから、本人にとっては今の実力に見合った最高の結論が待っているのです。

「なるようにしかならん」ということは一方で、人間が懸命にやれば「なるようになる」こともあります。ところが神が介在しますと、人間の力ではどうしようもありません。それがどういう結果になるかもわかりません。それは「人事を尽くして天命を待つ」という言葉と同じではないでしょうか。しかし、ほとんどは、自分にとっては驚きの良い結果が示されることになるでしょう。

そして白隠禅師さまの「世の中のことはなるようにしかならん」を成就させるための神宝があります。これを私は「ヒューマンロード」と名付けました。人への道に生まれ変わるパスポートです。これを持っていますと、白隠禅師さまの言う神の力によって、なるようにしかならないという結果も出ますし、あの世へ行くための利他愛も生まれてきます。そしていろんなことが努力と共に成就するでしょう。

大切なことは、次の4点です。

① **心身の健康を尽くす**
② **利他愛を尽くす**
③ **控えめで謙虚に**
④ **人間性の豊かさ**

自分に必要な欲というのは必要です。それは欲とは言いません。たくさんお金を得たら、みんなに施せばいいのです。ぜひそういう生き方をしてください。そして再び人間界でお会いしましょう。

第6章

宇宙のしくみを生かした農業

安全、安心の農業を求め、おいしいものを追求する

八ヶ岳みのりの丘ファーム（長野県）　長田重登さん

私はこれまで一貫して安全な農業を追求してきました。その仲間のひとりに高橋先生を紹介されて初めてお会いしたとき、宇宙法則の話をされ、続いてシュタイナー農法について話されました。そのとき、これまでの農法とはまったく違うという実感がありました。アートテン・テクノロジーの量子論と農業を繋ぐ説明は難解でしたが、じつはそういう話は大好きでした。すぐに取り入れたいと先生にお願いしたのが、２０１１年12月のことでした。

安全、安心の農業ということでは、これまで有機とか無農薬、ＥＭや酵素など、じつはいろいろなことをやってきています。その結果、土着菌、地域にいる微生物を大事にしたいという思いが基本的にありました。八ヶ岳なら八ヶ岳に棲（す）んでいる微生物をいかに活性化するかというのが大切だと思ってきました。土地の触媒効果のあるものを見つけては微

生物を活性化し、土地を肥やしていくために自分たちで有機肥料会社を興したりもしました。

12月でしたから畑作はすでに終わり、とりあえず椎茸栽培をアートテンでやることにしました。春になってできた椎茸を食べてみると、これまでのものとはまるで味が違いました。さらに、これまでの常識を破ってその椎茸は生でも食べることができました。ところが翌年に3・11が起き、東北から仕入れていた原木が手に入らず、菌の販売会社も倒産して、結局椎茸作りは諦めざるを得ませんでした。

それからは蕎麦と米をアートテンで作っていますが、やはりすごいです。私はこれまで土着菌を大切にしてきたのは、農業の原点は土作りだと思ったからです。アートテンはまさにそれにかなう農業でした。

しかも、これまでの新しい農法は何かを否定して新しい手法や機具を使うものが多かったのですが、この農業はこれまでやってきたことを何ひとつ変える必要がなく、そのままでいいというのも魅力でした。減農薬でもいいし、化学肥料を使ってもいいというのです。そうした点もこれまでとはまったく異なるものだと感じましたし、これならできると思いました。実際問題、無農薬や有機農業というのは課題がたくさんあるからです。

見えない世界への理解

高橋先生は、日ごろから安全な食物作りと健全な精神が大切だとおっしゃいますが、そうした基本的な考え方に尊敬の念を抱いています。これまで私は精神世界の本を読みあさり、見えない世界のことに関心を持ってきましたが、それはあくまで自分の関心事であり、それと農業が結びつくとは思っていなかったのです。ところがアートテンの世界は、この世の成り立ち、真理への理解と農業が同一線上にあります。私はそこにまず大きな喜びを見出しました。

この世界は物理的なことと精神的なことは互いに影響を与えあっています。すべての条件が整って、そこに人間の意識が入れば、何倍、何十倍もの効果が生まれます。まさに魔法が起きるのです。そのことは微生物の力のすごさを知っていたからこそ、私も理解できました。

採れた野菜はどんな結果が出るのか、高橋先生の助言もあり、つくば分析センターで検査することにしました。この辺で検査する20~30項目とは比較にならない広範囲206項目プラス8項目の検査です。使っている農薬はあらかじめすべて申告し、そのなかに入っている成分を調べてそれを検査してもらい、そのなかで残留農薬がどのくらいあるかを徹底的に調べたのですが、99・9パーセントが「検出されず」でした。(P31参照)

最初は100パーセントでした。「許容範囲に入っている」ではなく、検出されなかったのです。それはあり得ない話だと農家さんは言います。しかも検出された0・1パーセントは今使っていない農薬で、土のなかに残っていたものでした。結果として、この検査からは農薬や硝酸態窒素が検出されず、桁外れの安全性が証明できました。

なぜアートテンの野菜はおいしいのか調べていくうちに、それは硝酸態窒素が入っていないことがわかりましたし、なぜアレルギーが出ないのかを調べていくうちに農薬が検出されないことがその原因になっていることもわかりました。

アートテンで作る蕎麦は、蕎麦アレルギーの人が食べてもひじょうに反応が出にくいのです。アレルギーの人は段階があり、重症の人にも大丈夫かどうかはわかりませんが、通常蕎麦が食べられない人もこの蕎麦は食べています。アートテン・テクノロジーを使うと、これまで考えられなかったようなことが実際にたくさん起きます。

普通の人は目に見えることが100パーセントだと思っていますが、目に見えない世界を否定することは、生きていることを否定することでもあります。私たちは目に見えない空気や風に生かされているのですから。そこに気づいてほしいというのが高橋先生の思いだと思います。空気、温度、風、気圧、そういう目に見えない自然のエネルギーが、いかに農業にとって大切か。風ひとつをとっても、風がなければ授粉はできませんし、育ちません。そういうものを無視して、目に見えるものだけでやっていこうとすること自体が矛盾しています。

しかも、昔の人はそういうことを大事にしていました。意識もそうです。見えない意識の話をすると、ほとんどの人が宗教だと言いますが、私たちは高橋先生の理論を学ぶうちに、この世界のさまざまなことへの理解が深まってきました。意識や思いは大事で、人の思いはまさに「ふりかけ」です。

おいしい！　はすべてを物語る

私はこの農法を多くの人に伝えたいし、広めたいと、いろいろな人に声をかけてきましたが、そのしくみを説明し、わかってもらうのはやはり難しいです。「そんなすべていいなんていうことはあり得ない」と言われるのもわかりますし、少し踏み込んで話すと「宗教じゃないか」と言われることもあります。女性はまだ前向きで、「そんなにいいものがあるなら、やってみよう」とおっしゃる人も少なくありませんが、農業一筋で生きてきた男性は自分の経験値からは抜け出せず、難しいことが多いです。

アートテン農業は何かと聞かれれば、「アートテンの波動が微生物を活性化させ、地力をつけるのだ」と説明しています。そうすると、そうかと納得してくださる人が多いです。お婆ちゃんには「カードのなかに小さなコンピュータが入っていて、土地をよくしてくれるよ」と話したこともあります。またあまり説明をしないでただ協力をしてもらうこともあります。でも淡々と懸命に農業に取り組んでいる農家さんであれば、すばらしい作物が自然に出来上がってきます。結果がよければいいのですから、農家さんもたいへん喜んでくれます。

あとは論より証拠で、食べてみてくださいと言います。ちょっとくらいおいしくてもわかりませんが、本当においしい、とたいていの方は言います。でも味がわからない人もいます。水道水と天然水の違いがわからない人がいるのです。水道水の中に入っている塩素の臭いがわからない人もいますし、そういう人はたいがいは濃い味に慣れきっています。

でも子どもとか動物はパッとわかります。なかでも果物は調理しないからわかりやすいですね。

ただ、アートテンのしくみを理解していただくことは大切です。なぜなら今汚染された地球は悲鳴を上げ、これまでの自分さえよければという手法や農法を見直す時期に来ているからです。これからの農業、もの作りは利他の精神がなければ通用しなくなると思います。私たちの本体は肉体ではなく意識だということがわかっていないと難しいかもしれません。

私は微生物と関わってきたことで理解が進みました。微生物の力ってすごいのです。彼らには意識があり、人間の意識とピタリと合えばどうなるかということを、私は微生物から教わってきました。そんななかで出会ったアートテン農業は、まさに私が求めていたものでした。

究極の蕎麦作り

私は蕎麦も作っています。蕎麦はヘルシーで栄養価も高いと言われますが、嫌いな人もいます。信州大学の研究では蕎麦殻に微妙な毒があることがわかっています。また蕎麦アレルギーは蕎麦の構成物質だけではなく、蕎麦の構成物質と化学肥料が結びつくことで出ることもわかってきました。ですから化学肥料が検出されないアートテンの蕎麦は、アレルギーが出にくいのです。

八ヶ岳の蕎麦は、ルチンが豊富でブランド商品となっています。茅野(ちの)にある「そばきりきっせい」の吉田道成さんにこの蕎麦を食べてもらうと、こんな感想でした。

「不思議な蕎麦ですね。蕎麦を食べているのに蕎麦じゃないんです。すごくフルーティ。これはなんだと思いました。でも、また食べたくなるんです。そして身体にエネルギーが入ってくるのを感じました」

吉田さんは究極の蕎麦作りをめざしています。蕎麦の実のまわりにある栄養素をなるべく残すために、外側の蕎麦殻だけを取り除き、通常は取り除く甘皮をあえて残して作る蕎麦を信州大学と共に開発してきました。それを「どうづき蕎麦」と言います。蕎麦を粉にせず、そのままの発芽状態で十割蕎麦を作るのは至難の技ですが、これがじつにおいしいし、栄養価が高いのです。本来蕎麦が持っているエネルギーを120パーセント出せるからです。

蕎麦の実を甘皮付きのまま低温水につけ、人間の手でできない部分を千本杵搗機（開発して特注）で直捏ねし、蕎麦の生地にします。それを手打ちで細切りにするのはいわば職人技ですが、そうすることで甘皮のあまみと蕎麦の香り高い手打ちが出来上がります。

こんな面倒で手間がかかることは通常誰もやりませんが、それ故に他にはないおいしさがあります。十割のどうづき蕎麦ができたのは、吉田さんの職人魂にほかなりません。彼はこの研究をアートテンに出会う前から始めていましたが、アートテンの蕎麦を使うようになってからより進化したと言います。アートテン農業が職人魂と出会う、そんな場面に出会うときの喜びは望外です。

おいしいものが食べたい一心でアートテンを広める

佐賀県　大宅松代さん

私は2004年に高橋先生と出会い、アートテンの情報を入れたセラミックを使い始めました。おいしい野菜をプランターで作りたいというのがその動機でしたが、2週間経った時点でその大根は、他のものとははっきり違うことを実感しました。包丁をいれるとシャキッと音がして、みずみずしさが違います。大根はしっかりしていて硬いのですが、煮るとすぐに柔らかくなります。さらに煮た大根はみずみずしさと甘さが際立っています。

それから畑を作っている知人や友人に次々とアートテンを紹介していき、うれしいことに周辺にアートテンが広まりました。その動機はただ私の「おいしいものを食べたい」でした。

導入時には必ず立ち会うようにしていますが、アートテンセラミックを入れると、ハウスでも畑でも空気が変わるのがわかります。

12月にふつうできるはずのないピーマンに花が咲いて実がなったり、ミカンがおいしくなったりと、他の人にも喜んでいただいています。

花を栽培している畑は肥料や農薬を使うので、いろいろな匂いが混ざっていますが、それが花の匂い一色になりました。イチゴ畑も甘いイチゴの匂い一色になったのです。それをきっかけに、私はエネルギーって何だろうと考え始めました。

また、いろいろな人に声を掛けるのですが、「じゃあやってみようか」という人と、受け入れない人がいます。おいしければいいけど、もし何かあったらというリスクを考えるのでしょう。その人たちはまた自分は十分いいものを作っているという自負もあります。

ある日、家の浄化槽工事に建設業の中島さんが来宅しました。うちの畑を見て「これ何？」と聞くので、アートテンの話をしました。すると、農業を始めたばかりだそうで、そんなにいいものなら自分もやりたいと言いました。

とても珍しい水鳥が飛来するレンコン水田

中島農園（佐賀県）　中島強さん

私は建設業をやっていましたが、それをやめて農業を始めました。9年前のことです。そのときに大宅さんの紹介でアートテン農業と出会いました。早速、レンコンの水田四隅にアートテンの情報を入れたセラミックを入れたときのこと。4本目を置いた瞬間、今まで吹いていた風がヒュッという音と共に止まったんです。これは何だかすごいなと感じました。

朝4時から水田を見に行きますが、日に日に目を見張るように葉っぱが大きくなっていきました。ところが台風が来て全滅。全部なぎ倒されて1本も残りませんでした。それから1週間後、また葉っぱがボコボコと復活して10日後には元通りに復活しました。これは普通のレンコン畑ではあり得ないことです。根の張り方が違うんです。収穫したレンコンは色も白く、味も全然違います。みずみずしさと重さ、密度もほかにはないと思います。

2年目には、雷がレンコンの水田に落ちて、直径30メートルぐらいのレンコン畑がまっ黒焦げになりました。今度はさすがにダメかと思いましたが、そこからまた芽が出て、その年も普通に収穫ができました。高橋先生には、エネルギーがさらに加わったので「雷レンコン」と名前を付けて売り出したら……と言われました（笑）。

その翌年は、レンカクという全長55センチくらいの白と黒の鳥が水田に飛来してきました。とても珍しい鳥で、野鳥の会の会員さんやマニアが全国から写真を撮りに来ました。またクナイ科のヒナイクナという珍しい鳥もやってきました。このあたりはレンコン畑がずっと続いているのですが、そうした野鳥が留まっているのは、なんとうちの畑だけなんです。遠くから遥々（はるばる）やって来る鳥たちもわかるんですね。

じつは鳥だけではなく、この水田にいると体調がよくなります。足をとられる圃場（ほじょう）で農作業を続けていると、とにかく疲れます。ところがアートテンのフィールドにいると身体が楽なんです。調子も良くなるので、毎朝水田に行くのが楽しみです。そして、まず「おはよう」とレンコンに声を掛けます。これも不思議なことに無意識のうちに自然と始まったことです。

アートテンとは何か、ですか？　高橋先生の真心が畑に転写されているんです。先生の

レンカクが水田に飛来

真心そのものであってほかのものではない。それを素粒子と呼ぶのでしょう。

私の水田の100メートル先は海、有明海です。満月、大潮のときはレンコンの成長するスピードは速くなります。そして新月にかけてレンコンがうちに栄養を溜め込んでいくのが観察しているとわかります。

子どもたちが喜ぶレンコンレシピ

アートテンのレンコンは甘みと風味が違います。切って長時間置いておいてもあまり変化しません。こんなレンコンを子どもたちに食べてもらいたいと給食センターに持ち込みました。というのはたまたまラジオで、近くの学校が食育を始め、給食のための食材を探していると聞いたからです。通常、給食は指定された業者から仕入れるのですが、ちょっと食べてみてくださいと試食してもらいました。

するとと、ふつうレンコンはアクが強いので、酢につけたりと手間がかかりますが、うちのレンコンはそれがいらなくて手間が省けると言われました。ハンバーグやはさみ揚げ、チップなどに調理して出すと子どもたちにも大人気だそうです。今では500キロ以上（1000本）の注文をもらっています。

また、昨夏は那須の御用邸に滞在されていた天皇陛下にアートテンの食材を提供できたことも本当にうれしかった出来事でした。

畑は当初7反だったのが、現在は3町歩に拡大。緩衝地帯を設けているので実質は2・

6町歩ですが、収穫は年々上がっています。最初良くなり、少し落ち着き、それからどんどん上がっていきます。

私は急性心筋梗塞（こうそく）を患ったため薬を飲み続けていましたが、アートテン導入後は飲んでいません。風邪を引いたり、熱があっても畑に出かけます。畑のなかにいると身体が楽になるからです。息子も同じことを言います。こういうものは今までの世の中にはありませんでした。

アートテンはいろんなことを教えてくれる

いろいろなことを考え出すと、うまくいきません。もともと持っている自分の能力を引き出すのがアートテンであり、手助けをしてくれるものです。悪くなるのもひとつのステップです。金太郎飴のようにはいかない。そのときそのときアートテンは人間を見ています。一生懸命だと手助けをしてくれます。しかも、こちらの気持ちにゆとりを持たせてくれ、お茶でもしようかと余裕が出るので、そういうときはノホホンとお茶をすることにしています。

アートテンの話を他の人にしても、実際にする人としない人がいます。作物は穫れて当たり前と思っている人はしません。良くて当たり前だからです。けれど、少しでも良いものを作ろうとしている人はやりますね。農業は一歩踏み込んでいくことが大切で、安心安全の先においしさがあると私は思っています。今はおいしさだけを求め、おいしさが先に来ています。消費者のニーズだけを考え、見えない力を上げようという生産者は少ないです。

私にとっていいレンコンが作れる喜びも大きいですが、高橋先生との出会いがいちばんの収穫でした。講演会や交流会でお会いしますが、会場に先生が入ると空気が変わるのがわかります。

レンコンのおいしい食べ方ですか？　味噌炊き（みそだき）もおいしいし、レンコンステーキもおいしい。そのままサラダに入れてもシャキシャキでおいしいですよ。

経済性ですか？　アートテン導入後、収入は10倍以上になりました。品質が抜群に良いのでそれ相当の値段で出荷できます。だから疲労もふっとんでしまうのでしょうか。

極めれば、農業ほど楽しいものはない

長堂ファーム（沖縄県）　長堂昌祐さん

私は定年後、65歳で農業を始めました。趣味が高じて、勧められた古いハウスを買ったのです。次々と買い足して今は6000坪ありますが、一銭も補助は受けていません。農業はやり方次第でいちばん儲（もう）かる産業だと、私はじつは思っています。

これまで高校の生物の教師をしながら、いろいろ社会を見ていましたが、農協に任せっきりの農業では儲かりません。作るのも、売るのも自分でやり、それを極めたら儲かると思いました。儲けるということは極めるということです。極めていなければ世間は厳しいから儲けさせません。

私はハウスでトマトとパッションフルーツとマンゴーを作っています。アートテンとの出会いは、知人の紹介でスタッフが家にやって来ました。話を聞いているうちに、そんなにいいのならやってみようと思いました。アートというのは芸術という意味だから、心を

込めて作るものだと思い、テンは天、自然ですね。天然を最高に活用して使うのがアートテンだと理解しました。高橋先生の農法はそういうことを言っていると思います。

うちは農薬散布をいっさいしません。マンゴーを農薬散布しないで作っている人はいませんから、みんな私が嘘を言っていると言います。私は77歳になりますから、この歳になって農薬散布してまでは農業はしません。

農業を始めたとき、人に習って私も農薬をかけました。そうしたら翌日体調が良くないんです。頭がボーッとして、それが2、3日続きましたから、スタッフに「農薬散布料3000円出すけど、やるか」と聞きましたら、喜んでやると言います。でもその翌日「やはり、できません」と言いました。体調がやはり変わると言います。じゃあこれからは農薬を使わないでやろう、そのかわりいい肥料を使おう、農薬分肥料にお金をかけようということにしました。

肥料も化学肥料は使いません。全部自然のものを使います。基本は魚のアラを刺身屋さんからもらってきて、それを発酵させて肥料を作っています。料理の基本は鰹節(かつおぶし)でしょう。うちのマンゴーやパッションフルーツも鰹節を食べています。そのものが力をつけるとあまり病気にかかりません。

マンゴーとの約束

『月の農業』という本を読んでみると、やはり植物も旧暦で動いていることがわかりました。ですから新月と満月には、とくに注意して作物をよく見るようにしています。病気の発生や虫の発生はそのときに出ます。それも弱いところに出ますから、それを見つけたら手でつぶしていきます。そうすると3日間で完全になくなって、広がりません。

そのかわり私は彼らと約束をしています。「1週間に1度は水を散布するからね」と。それで毎週水曜日にイオン水をかけています。病気や虫は酸化したところにつきたがりますから、マイナスの電気であればつきにくくなります。人間もシャワーを浴びたら気持ちいいでしょ。作物にも1週間に1度シャワーをたっぷり浴びさせています。

必要なときは、ミネラル分や糖度を上げるために手作りの肥料を入れます。土には点滴冠水で水をやります。ここ沖縄北部の土は粘土質なので、水をかけてもなかに染み込みにくいので、点滴で少しずつ水を土に染み込ませます。マンゴーの木の下の土壌に、3センチごとに穴を開けたチューブを2本這(は)わせていますから、1時間に1リットルの水が出ます。その鉄管は63メートルありますから、200の穴から200リットルの水が出る計算です。少量多冠水です。

農業は素人なので、私は農学には縛られていません。全部自分で考えてやっています。そのかわり作物と約束をしたら守ります。うちの大切な従業員ですし、これで飯を食わせてもらっていますからね。

最初は、ある人からハウスをもらってトマトを作りました。それを見た知人が、こんな古いハウスではできないよと言ったのですが、予想に反して見事なトマトができました。そのまま農協に出荷しました。そうしたら赤字でした。いいものをたくさん作れば儲かると思ったのですが、違いました。農業は今の販売形態ではうまくいきません。問屋や業者は儲かっても農家はあまり儲かっていないようです。三方良しでなければうまくいきません。販売は要(かなめ)です。それを農協に適当にやってくれというのでは、大事なところを人に任せ切っています。そこがいかんのです。

うちは今ではマンゴーもかなり出荷していますが、お客は全部個人や事務所関係です。高橋先生も協力して紹介してくれています。いちばん買ってくれる人は九州の某事務所で、毎夏180ケース買って全国の得意先に配ってくれています。そんなふうに販売先も自分で開拓しています。でも、毎日いろんな人がやって来るので、対応するのが大変です。

作物は無限、その力を引き出せるのは作る人

農業は楽しいですよ。農業は知識じゃない。農業は楽しくやる人は確実にわかります。なぜ私が農業を始めるようになったかというと、万博会場に行ったことがきっかけです。そのとき協和発酵と日本生命研究所がタイアップしてトマトが展示されていました。なんとそこには1本の木から2万個のトマトがなっていました。これを見たときビックリして、私は1日中その会場に座っていました。そしてみんながどんな反応をするか見ていました。ところが農協や農業関係の指導者たちはあんまりいい反応じゃないんです。「これは見なかったことにしようね」という態度でした。

これでは農家は大変です。それと同時に、作物というのは無限だということがわかり、その無限の力を発揮させるには、育てる人がその力を引き出さなければいけないこともわかりました。だから同じものを作っても、作る人によって違うのです。

アートテンを使うと、心が安定して、よけい楽しくなります。どうしてだかよくわかり

ませんが。アートテンを始めて3年目です。長堂マンゴーは沖縄本土ではかなり知られていますから誰かに紹介されて、高橋先生のスタッフの方がうちにたずねて来られたのがきっかけです。話を聞いて、そんなにいいのならやってみようと思いました。ハウスの四隅にカードを埋め、マンゴーの木には太陽の情報カードをぶら下げています。マンゴーは太陽が大切だから、太陽の代わりのカードも使っているのです。アートテンが考えることはびっくりです。高橋さんがそれをどんなふうに作られているのか、今度ゆっくり聞いてみたいですね。

うちのトマトもマンゴーも、もともとおいしいんですが、収穫量が増えて糖度が増した感じがしています。トマトは11月から6月まで毎日1ハウス100ケース程出荷し、そのあとはパッションで、毎日2万円くらい出荷します。トマトが月給で、マンゴーはボーナスです。

人は75歳まで衰えません。でも76歳からは老いを感じますよ。私はいま77歳ですが、まだビニールを張り替えるときにビニールを担いでハウスの屋根の上を歩きますよ。65歳から農業を始めましたから11年目です。

ハウスも古いものを買いましたから、3年で償却しました。人生の償却はもう済んでい

マンゴーハウス

るので、これからは好きなように生きようと思っています。大切なことはマンゴーをマンゴーとは思わないこと。男の人ならマンゴーを奥さんと見なさい。女の人なら旦那さんと思いなさい、と言っています。マンゴーにも愛が必要だからです。

昔ながらの伝統の黒糖作りを引き継ぐ

沖ヶ浜田（種子島）　持田光広さん

　種子島、沖ヶ浜田の黒糖作りは今では有名になりましたが、江戸時代から代々続いてきたものです。それが一時は親父の組合だけになったこともあります。けれど、その伝統が見直されて、徐々に始める人がまた出てきました。

　黒糖作りは12月から3月くらいまでかけてやる冬の仕事です。うちの組合員も減って今は5人ですが、それぞれの夫婦と、あと手伝いを4人ほど頼んで14、15人で協力して行います。

　まず3日ほどかけてサトウキビを収穫し、それを女性たちが圧搾機で搾（しぼ）り、1日がかりで大鍋で煮詰めていきます。その4日間の仕事の周期を春まで繰り返しますから、肉体的にはかなりきついです。昔は深夜からやっていましたが、今は朝の5時くらいから仕事を始め、終わるのが17時ころです。

黒糖練り工程作業

浜に建つ砂糖小屋は、大きく3つのパートに分かれています。まず一段高くなったところにサトウキビを絞る小屋があり、絞った汁はホースで炊き上げる小屋に流れ落ちます。炊き上げる小屋が中心ですが、中心に登り窯(がま)があり、そこに3つの大鍋がかけられています。火の番をするのは火父長。火口ひとつで3つの鍋を熱していくのですから火加減が難しいです。燃料は夏の間に準備したマキを使います。業者さんが廃材を使ってくれと持ってきますが、やはりマキがいちばん。木の脂があるので火力が強いからです。火持ちもいいですし、火加減もしやすい。

最近は換気扇のついた小屋もありますが、

うちの小屋は60年前に建てられた昔ならではの造りで、天井から大量の蒸気が抜けるようになっています。昔の人はよく考えています。3つの大鍋が煮えたぎるのですから、小屋の中は蒸気で真っ白。食事を作る炉もあり、仕事が終わったらそこでみんなで焼酎を酌み交わします。

五感を総動員させて温度や硬さを見極める

煮詰める大鍋は、登り窯の上に3つ乗せられ、徐々に温度を上げていきます。最初の鍋は沸騰させて石灰を入れ、105度まで煮ます。薄緑色だった絞り汁が茶褐色に。2番目の鍋では煮詰って徐々に飴状になっていきます。110～115度になったら、最後の3番目の鍋に移し、蒸気が出なくなるまで焦げないように混ぜながら、125度くらいまでさらに煮詰めます。

飴状に垂れるくらいがちょうどいいのですが、最終的には口に入れて歯で噛み、息を吸ったときに歯の後ろにくっついた飴がどのくらいの硬さかで、温度を確かめます。煮詰めた砂糖を鍋から出すと、木の棒で混ぜながら冷まし、結晶を細かくしていきます。そのままにしておくとザラザラした飴状になりますから、手早く冷ましながらこねていきます。

固めるために石灰を入れる時期は、アクの状態を見ながら判断します。入れすぎると真っ黒に変色しますし、少なければ固まりません。その加減は結構難しく、少しずつ状態を見ながら入れていきます。また温度も、勘や経験がないとわかりません。目で見たり、色を見たり、口に入れて状態を見たり、五感を総動員しています。温度計で測らなくても、今何度くらいかはわかるようになりました。

黒糖の味はサトウキビが決め手

黒糖の味を決めるのは、やはりサトウキビの質です。ですからみんなサトウキビ作りにはこだわっています。共同で作業をしますが、それぞれのサトウキビが混ざらないよう配慮しています。

沖ヶ浜田の黒糖はえぐみがないと言われます。えぐみはチッソが強く残っていると出ますから、私はサトウキビの葉が黄色くなるまで待って、畑で熟成させてから刈り取ります。葉っぱが青々したまま刈り取ると、どうしてもえぐみが出るからです。サトウキビを刈るときも、状態を見ながら刈りますから全部手刈り。2メートル以上のサトウキビを束ねていくのは大仕事です。

サトウキビは3～4月に植え付け、年末から収穫を始めますが、どのくらい糖度がのっているか糖度計で測り、実際は葉っぱの下までを使います。そのサトウキビの質が良ければいいのですが、糖度ののっていない部分を入れてしまうと黒糖の質が落ちます。品質の決め手はサトウキビが7割といったところでしょうか。

うちの畑は減農薬で化学肥料の使用も抑えています。肥料が強いとどうしても葉っぱが青々してしまうからです。収穫量は多くはないのですが、品質は高くなります。量を取るか、質を取るかですが、私はこだわって質を取っていますね。そのサトウキビをいろいろブレンドしている人もいるし、うちのように黒街道という品種だけで作るところもあります。砂糖小屋ではお互いの成果を確認しながら、次年度の対策を練っていきます。

黒糖は1日よくて700キロ作りますから、1冬で1人2000キロほどの黒糖ができます。

品質は安定していて、ばらつきがない

高橋さんは7年前、うちの黒糖作りを見にみえました。そしてアートテンの話を聞いた親父がサトウキビ畑と、黒糖作りの小屋にアートテンを設置しました。日々の努力もあり、品質は悪くはないと思います。アートテンをやっているということで、意識的にもしっかりやっています。

アートテンをやっていない他の組合の黒糖は、昨年はぜんぜん良くなかったですね。固まらなかったし、色も悪かった。でもうちの組合はいつも通りでした。思えばうちの黒糖は品質が安定していて、そうしたばらつきがないですね。

今年はずっと天気が悪かったので、サトウキビは普通なら人間の背の高さくらいになっていますが、今年はまだ腰の高さです。高橋さんはアートテンを設置していれば天候に左右されないと言いますが、今年はいつになく寒かったのでちょっと心配です。アートテン設置後、サトウキビの糖度がグンと増しました。毎年17～18度程度だったのですが、今は21～22度、良いときは23度もあります。

沖縄や奄美の黒砂糖は、粗糖を混ぜて最後にサトウキビの汁を混ぜて香り付けをしていますが、うちは100パーセントサトウキビだけで炊き上げますから、ものがまったく違います。甘いだけでなくいろんな味が混ざっていて、酒を飲むときも齧りながら飲むと最高です。

私は子どもの頃から黒糖作りを手伝ってはいましたが、本格的にやり始めたのは学校を卒業してからです。そのころはまだ親父が組合長をしていましたので、いろんな小屋に入って修業をし、いろんな人について学びました。

この安納地域は東の海の潮風が、畑を通って丘に吹き上げていますから、畑全体にミネラルがかかり、芋やサトウキビなどの作物がおいしく育つと言われています。うちも黒糖以外に安納芋、花などを作っています。安納芋はもともと試験所で作られた品種で、うちは50反作っていますが、販売目的に作っていた人はおらず、みんな家で食べていました。ところが最近はアートテンのおかげで質が良くなっておいしいと評判で、東京からの注文も多くなっています。

第7章

発酵の世界の不思議を極める

麹(こうじ)パワーで福島の子どもたちを救いたい

茶寮・雪月花(栃木県) 女将 代田節さん

2011年、主人が亡くなって間もなく東日本大震災が起きました。私どもの旅館「茶寮・雪月花」は那須高原にありますが、山を越えれば福島県。お客様が誰も来ない日々が続き、旅館を続けるかどうか悩んでいました。そんなときに木村まさ子さんに高橋呑舟先生をご紹介いただきました。

お会いした高橋先生はそのお話しのなかで、福島の子どもたちが心配だとおっしゃいました。その一言が私の胸を突き、詳しくお聞きしました。すると広島、長崎、そしてチェルノブイリの20年後の子どもたちの状況を話されました。何か方策はないのですかと問いかける私に、先生はさらに麹の話をしてくれました。再起不能と言われた広島や長崎に翌年草が生え始めたのは、広島には造り酒屋が多かったこと、爆心地の長崎の病院で全員が助かったのは玄米・味噌・塩を摂っていたからだということでした。土壌や体内に酵素

（麹菌）があれば、放射能の影響は受けにくいことを教えてくださったのです。

私は思わず、「その麹を使って子どもたちを助けたい」と言ってしまいました。私にそれができるでしょうかとお尋ねすると、「女将ならできるでしょう」と高橋先生はおっしゃってくださいました。

それから私の麹造りの勉強が始まりました。まず、東京で麹の料理を出している割烹に通い、旅館の後ろに麹の室を造りました。原料となるお米は、地元でアートテン米を作っている農家にお願いして無農薬、天日干しのお米を分けてもらいました。麹造りは高橋先生のご指導を仰ぐため、那須から裾野通いが始まりました。室をアートテン化していただいたのは言うまでもありません。

ようやくできた麹を先生に試食していただくと、「これは、すごい！」と驚かれました。甘みも風味も市販のものとは比較になりませんでした。

それから子どもたちに食べてもらうためにどうしたらいいか、試行錯誤が始まりました。ゼラチンや寒天を混ぜてジャムを作ったらいいかもしれないと思い、材料を変えて何度も試しましたが、なかなかうまくいきません。先生に紹介された種子島のさつまいものデンプンを混ぜると、ようやく固まりました。ところが瓶詰めにすると、発酵が続いているた

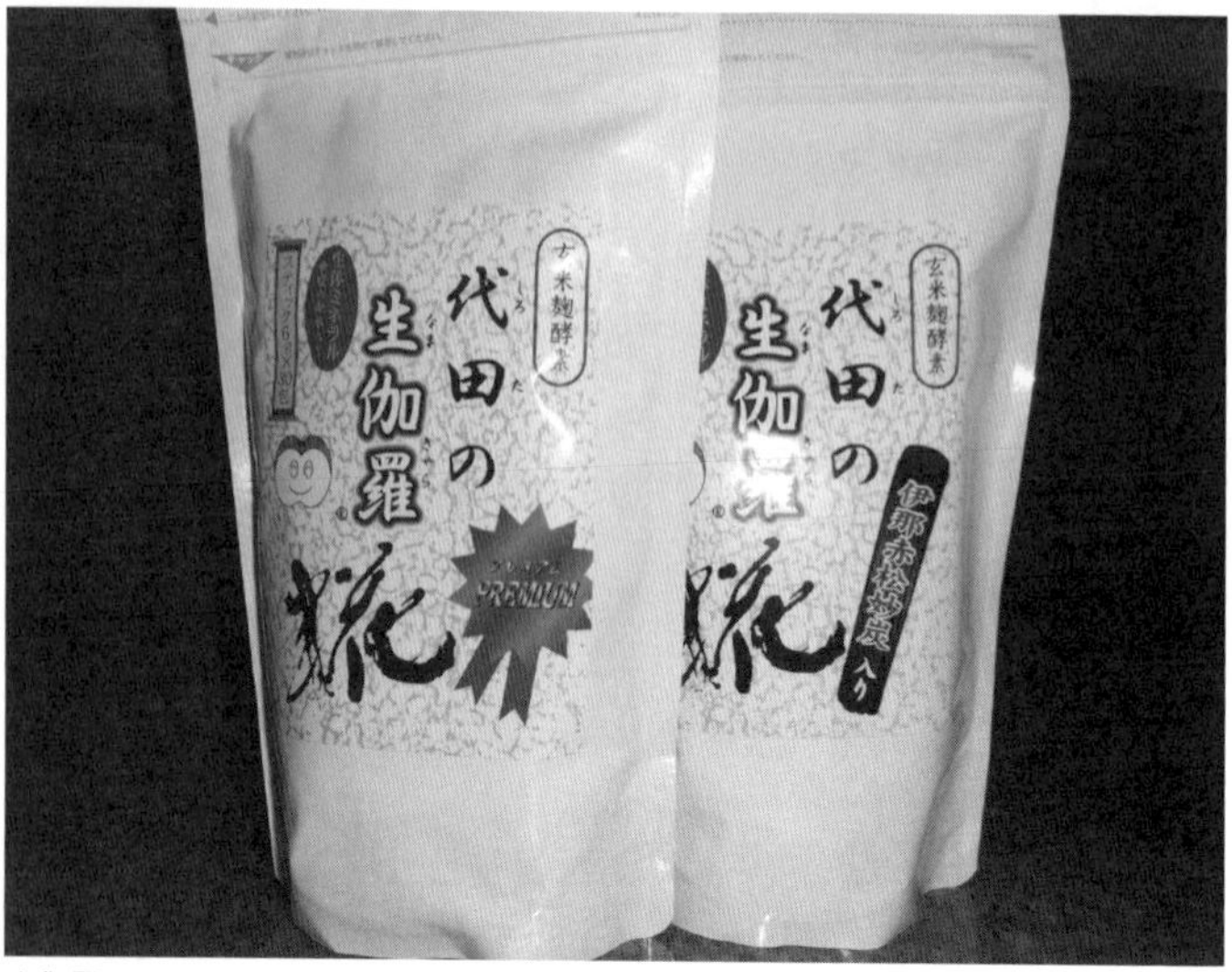

生伽羅

めにすごい勢いでガスが出ます。しかもガラス瓶が割れる可能性もあります。

　そんなときに、高橋先生からご紹介いただいたのが、越後薬草の塚田久志社長でした。すぐに新潟にお願いに行きました。1週間後に連絡があり、再び新潟に向かうと、出来ていたのは現在のスティック状になったものでした。しかも試食してみると、思い描いていた通りの固さです。それを持ってその足で吹雪のなか、高橋先生の元に向かいました。

　夜中にもかかわらず先生は待っていてくださり、早速手をかざし、「すごいものができたね」とおっしゃってくださいました。そして、その麹に「生伽羅（なまきゃら）」と名付けてくださいました。色と固さのイメージから、生キャラメルと香木の伽羅をかけたのです。その日は結局、那須から糸魚川、裾野と夢中で１３００キロをひとりで運転していました。

お米から造る麴は日本人のＤＮＡにピッタリ

できた生伽羅を栃木県の保健衛生事業団で検査してもらったところ、その結果の数値に関係者一同驚きました。１グラム中の細菌数が７億個、乳酸菌数７億個、酵母菌が２４００万個でした。なんとそれは普通の麴の７０００倍だったのです。しかも生伽羅に甘みはいっさい入れていませんが、濃縮をかけたことで糖度が76・８から77までになりました。77といえばはちみつと同じ甘さです。

これで自信を持って生伽羅をお薦めできるばかりか、私は子供たちの未来を守ることに役立てることがうれしくてたまりませんでした。私の天命とも言うべき仕事に出会えたのです。高橋先生も「最高のものができたね」と、喜んでくださいました。

身体に正常な循環をさせるためには微生物の力が必要です。身体のなかの微生物たちは人間が考える以上の働きをしてくれています。麴の摂取は健康を維持するだけでなく老化を食い止めてもくれます。本来、必要としている酵素を使わないですむからです。消化酵素をはじめとした体内酵素を使わなければ使わないほど、老化は遅らせることができます。

ＤＮＡを正しい形で存在させるために酵素が必要だということは証明されていますが、なかでもお米からできた植物酵素は、日本人のＤＮＡに合った身体に優しい酵素だということもわかりました。

私たちはやるかやらないか、また信じるか信じないか、2つにひとつしかないと思います。それをやるには時があります。その時を待つか、その時を自分で作っていくか、私の麴との出会いのように、時を与えていただいたときは、全生命をかけてやっていくしかありません。

微生物も真剣に付き合わないと人間を信用しません。たいへんシビアな生きものです。毎日正確な時間にちゃんと声かけをしないと、背信行為をします。麴ははぜますが、ちゃんと会話をしないとはぜてくれません。ふてくされると1時間の間に温度が36度から50数度も上がります。しかも夜中の2時から4時の間に。そのときに温度調整してあげないと真っ黒になって、ふつうはダメになります。ところが、そのときにアートテンのセラミック棒を入れて混ぜると、その黒いものがセラミック棒にくっついてきれいに取り除くことができ、また真っ白な麹に戻ります。その様子は言葉では言い表せません。工程のなかでいろんなことが起きますが、うちは作業場も保管所もアートテン化していますので、何が起きても対処できます。私たちは日々アートテンと微生物に育てられています。

高橋先生がいくら宇宙情報を入れたすばらしい環境を作られても、使う人の心で環境は変化します。それは料理人が包丁を入れるそのやり方で料理が変わるのと同じです。私たちも毎日純粋な気持ちで向き合わないと、麹たちはちゃんと働いてくれません。

人を助ける決意をしたとき天命を授かる

私は高橋先生に初めて会ったときからその人柄に惚れ込み、どんなに大変でもついていこうと覚悟しました。それから那須と裾野を5時間かけて何度、車で往復したことか。麹に変化が起きるたびに車を走らせました。

その先生曰（いわ）く「女将、これは人間の力ではないんだよ。神の力なんだよ。それを知っているものが作れば、ちゃんとしたものができる」と言われました。まさにその通りでした。先生は人助けにすべてをかけておられますが、自分もまたそういう人生を送りたいと思いました。そう思ったときに、天からの力が授かるのですね。

また天は佐藤というすばらしい仕事のパートナーを私に送ってくれました。麹を造ることはできても、それを売ったり、新たな商品開発は私ひとりではどうにもなりません。そんなとき偶然、職を求めて那須に来た佐藤と会うことができました。海外経験も長く、営業経験も、デザイン制作も何でもできる人です。麹の話をし、高橋先生の話をすると、一緒に働きたいと言ってくれました。本気になると、天は必要なものも与えてくれるのですね。

我が家には毎朝、雀がたくさん来ます。お米をまいてやると白米は見向きもしませんが、玄米は喜んで食べます。よく知っています。それは理屈ではありません。感じることができる人は感じるのです。

生産者には大きな責任がありますが、消費者の目も大切です。これからどんなに海外のお米が入ってきても、ちゃんといいものを選ぶ目が消費者にあれば怖いものはないと私は思います。そしてブルガリアヨーグルトが有名なように、日本の国菌である米麹を世界に広められたら素敵です。そのためにも頑張りたいと思います。

現在、生伽羅から新しい商品が次々と生まれています。麹を利用した化粧品作りも始まりました。もともと米麹にはアミノ酸とビタミンB群が豊富に含まれています。そのアミノ酸は肌の保湿力に高い効果を発揮しますし、ビタミンBは細胞の再生や成長を促して美肌作りを助けます。その米麹発酵エキスで美容液を開発しているところです。

私たちはこうした自然のもので人間の身体に免疫力をつけ、また治癒をうながすものを、今後も開発していきたいと日夜頑張っています。

有限の資源より無限に増えるパワーに魅せられる

株式会社越後薬草（新潟県）　代表取締役　塚田久志さん

私は地元にある海洋高校の食品科学科を出て、1年間スペインで南洋トロール（底引き網）船の装備室で操縦士をしていました。その後、酵素の研究所のメーカーに3～4年勤め、発酵に関わる仕事に携わっているうちに、菌のパワーと薬草のさまざまな効果に魅せられました。菌の培養や薬草の知識を得るうちに、自分でも自分のオリジナルの酵素を造ってみたいと思うようになったのです。１９７６年、23歳のときに独立し、会社を創業しました。

格好良く言えば、私は最初、スペインで漁船に乗っていたとき、海の資源は有限だと思いました。獲れば獲るほど減っていきます。でも酵素はどんどん増えます。獲って減るより、バイオテクノロジーで増やす仕事をしたいと思いました。増えたほうが楽しいですし、将来性もあります。そして微生物のパワーを目にしたとき、未知なる魅力を感じました。

将来このような微生物の力が必要になると思ったのです。

独立後は、ヨモギを使った健康茶を開発し、さらにヨモギを入れたうどん、石鹸、浴溶剤などの商品を開発しました。また地元で採れる薬草に付加価値をつけ、全国向けに通信販売した時期もあります。

けれど、やはり本命は酵素で、他社にはない酵素を造りたいと願っていました。試行錯誤を経て30年前、薬草をふんだんに使った酵素の製作にようやく着手しました。野菜、果物を主体にした酵素は多いのですが、私は薬草で酵素を造りたかったのです。

薬草は循環器によく、代謝によく、そして免疫力を高めます。薬草のエキスを抽出して、そこに糖質を溶かし、温度を40度に下げたら酵母菌、乳酸菌を添加し、半年から1年間ゆっくりと発酵させます。それをビン詰めしたのが野草酵素で、さらにペースト状に4倍濃縮したのが練り酵素です。

この商品「薬草酵素」が昨年、うれしいことに成人病協会の認証をいただきました。酵素の力が認められたのです。併せて現代健康研究所の麹「とこわか」も日本成人病協会認証商品となり、今では両方とも人気商品になっています。

うちは直売をせずＯＥＭとしてもっぱら製造を受け持ち、商品は大手の通販を中心に販売されています。製薬メーカーさんや健康食品の通販会社と提携し、その会社が持っている素材にうちの酵素を入れ、オリジナル商品として販売していただいているのです。現在は30社の販売先と提携し、30種類の酵素商品を造っています。

アートテン・テクノロジーと酵素のコラボレーション

アートテンとの出会いは、数年前、ある方から高橋さんを紹介され、アートテン・テクノロジーの話をお聞きしました。そのとき、目に見えないエネルギーが関与すれば、さらにパワフルな酵素が造れると確信しました。薬草の力に加え、酵母菌、麹菌、乳酸菌がパワフルになれば、微生物がさらに活性化して発酵し、どこにも負けない酵素ができると思いました。

また高橋さんから「アートテンの技術を提供するから、良い商品を作ってください」と言われました。そして、「良い商品ができたら私に売らせてください」とも言われ、この方は本物だと思いました。そして発酵室、酵素の甕(かめ)やタンクをアートテン化していただいたのです。

そこでは酵素の活性化、調和のエネルギー、癒しのエネルギー、人間の遺伝子を修復するエネルギー、という4つのエネルギーを投入していただいています。その結果、薬草のエキスとひじょうに良いコラボが生まれ、体感も増しました。お通じが良い、よく眠れる、疲れが取れると大変好評です。味もマイルドになって深みが出ました。

さらに常用すると、体温が0・3度上がるデータもとれました。これは成人の平均値です。体温が上がれば免疫力が上がります。代謝が上がると同時に血液の循環が良くなるからです。そうなると健康への好循環が生まれます。

そういう結果が出たということは、微生物の働きが活発になったことは間違いありません。麹菌、酵母菌、乳酸菌を培養する際、その微生物の繁殖が活発になれば、繁殖の過程でできる酵素がアップします。そして菌の数が増えれば代謝を上げたり免疫力を上げたりする成分が、菌体のなかにも豊富にありますから、さらに発酵が進みます。

私は旺盛な発酵がなければ酵素とは呼べないと思っています。アートテン・テクノロジーと酵素の相性が良かったのだと思います。世の中には本当に良いエネルギーがあるのだと思いました。

良き商品が良きビジネスを生む

今スティック状のものは1カ月に140万、ボトルは5万本作っています。そこに入れる薬草は天然のよもぎ、すぎな、ドクダミをはじめとした地元のものと、海外から輸入した80種類です。要は薬草のエキスを上手に抽出すること。それを麹菌、酵母菌、乳酸菌によってふんだんに微生物を活性化させれば良いエキスができます。発酵なきものは酵素とは言えません。

発酵が促進されれば、彼らはふんだんに良い酵素をつくります。我々がご飯を食べるときによく噛んで咀嚼(そしゃく)し、唾液とまざることも酵素の働きです。それがなければ小腸で分解消化ができません。それと同様のことがうちの甕のなかでも行われているのです。甕のなかで薬草のワインが仕上がっているわけです。

薬草は果物や野菜より効果が高いです。微生物の作られる過程でできる代謝物と菌体が、腸内微生物の発酵を促進する元になります。善玉菌を繁殖する元になるのです。私は触媒に北海道の甜菜糖(てんさいとう)、糖蜜、黒砂糖、蜂蜜を使っています。ミネラルとアミノ酸の成分を重要視しているからです。そこまでこだわっているメーカーは他にはないと思います。良心的に作らなければいい商品は生まれません。

では、結果がどうかと言いますと、アートテンを導入以来、売り上げが伸びっぱなしです。3年前までは毎年20パーセントくらい伸びていましたが、アートテン導入後、ビジネス的にも飛躍し、今年は10億円の売り上げを達成しました。来年の目標は15億円、再来年は20億円の予定です。

それだけ注文が来ており、生産が間に合わない状況なので、来年は新工場を建設します。また利益の一部は社会貢献に使いたいです。震災にあった方や原料を輸入しているアジアやアフリカへの社会貢献をしたいと思っています。

これからは健康、美容はもとより、難しい病気にも効果があるものを作りたいですね。健康は当たり前で、きれいに年をとるお手伝いもしたいです。それには循環器、消化器、肝臓機能を高め、若返らせることが必要です。菌は耐性菌を作りますから、抗生物質もだんだん効かなくなっていますので、そうした対策も必要です。そして今、治らない病気を治すために高橋さんと一緒に研究を進めているところです。

大事なことは時に流されず、いいものを見極める力

大久保醸造店（長野県）　大久保文靖さん

創業は明治38年の7月です。１９０５年ですから、１００年は超えています。その間に太平洋戦争もありましたが、私は3代目で、今年73歳です。死ぬまで現役ですな。この歳になると寝込んでいる人もいるし、仕事をやっている人は少ない。うちは孫まで含めて8人家族、一緒に住んでいます。これが大切です。食べるものはほとんど自給していますが、購入するときは、産地、製造元などの一括表示を必ず確認します。

高橋先生には人の紹介で会いました。かつて『現代農業』に掲載されていた記事「勝又じいちゃん　人様のために５００ｋｇもの薬草をつくる」を読んで静岡に住む薬草研究家の勝又正彦さんに会いに行きました。そのときにすごい先生がいるからと連れて行ってもらったのが高橋先生との出会いでした。

アートテンのことはよくわかりませんが、子どものころから母親が神立つさま（雷）の

多い年は豊作だと言っていました。またNHKで「宇宙の渚（なぎさ）」という特別番組があり、宇宙飛行士の古川聡さんが、スプライトとかトーラスとかを説明していました。アートテンはそんな大自然のことに関係しているのではないかと私なりに理解しています。

家で食べるものは全部畑で作っていますから、その畑にアートテンをしていますが、驚いたのはナスです。9月になると秋茄子といって実が固くなりますが、その年は11月ころまで固くならず、柔らかくておいしかったね。

味噌と醬油を造る蔵にもアートテンを施していますが、いいんじゃないかなあ。今年はまずいとかいうことはなくて、いつもいい出来です。やっているところとやっていないところを作って比較すればもっと良くわかるんだろうが、それをしていないのではっきりわかっているわけではないが、悪くはなっていない。

いいと思えることは何でもやってみる

圧搾、火入れ、地下貯蔵蔵を1959年に建てるときに、人に勧められて地下に埋炭、炭を大量に埋めました。炭がいいという話を続けて聞いたからです。2000年前、中国

大久保醸造

で発見されたミイラの肌が柔らかかったのは、遺体を絹で巻いて棺を漆を施した上に3メートルほど炭で覆ってあったそうです。また江戸城の石垣の土台はヒノキとマツの表面を炭化したものだと聞きました。

　うちの仕事は「しょっぱい」でしょう。塩を多く使うから機械がすぐに痛みます。それがなかなか痛まなかった。マイナスイオンも飛び交うらしく、蔵のなかの気分がいいんです。私はこんなふうに人がいいということはまずやってみるという性分です。とにかく駄目元でやってみればいいんです。私はそうやってこれまでやってきました。だから人にもアートテンやその商品を紹介していますよ。

醸造蔵は天上や柱に柿渋を塗り、桶の外側には漆を塗りました。有用微生物は桶のなかだけで活躍してくれればよく、不要なカビはないほうがきれいな味になります。

伝統的な製法を守りながら、いろいろな種類の麹を造る麹室や発酵槽など、自分で開発し特許を取りました。電気はソーラー発電を導入してまかなっていますし、水も自分で水処理法を考案して使用しています。

昔の醤油の風味を再現する

1963年、JAS（日本農林規格）が制定され、醤油業界は敗戦で原材料が不足し、異民族に命令されて、本来の造りは大きく様変わりを余儀なくされました。

親父はいつも「戦前の醤油はこういう醤油ではなかった」と言っていました。匂いがまず違うと言うから、風味が良かったんでしょうね。私は戦後の食料事情の悪いときに育ったので、その味を知りませんでした。そういうものを造るにはどうしたらいいかと、親父と話し合って試行錯誤をしてきましたよ。それにはどうしても良い麹をたくさん造る必要がありました。そこで当時としてはまだ珍しかった自動製麹装置を導入して品質向上に努めたものです。麹がうまくできるようになってから、もろみを1年、2年、3年と寝かしたりして、失敗しながらも昔の醬油をずっと追求してきました。親父が「こんな風味だったなあ」と言ってくれたときはうれしかったですね。また親父はよく味1年、香り2年、色3年と言っていました。信州は気温が低いからでしょう。

原料を吟味し、大豆は長野、青森、新潟、富山のものを、小麦はこの地元のものを使います。全部等級品です。米は長野県のコシヒカリで一等もの。自家精米して味噌、甘酒を造ります。そして塩は沖縄のシママースやまたは並塩を使っています。そんなうちの商品を随筆家の辰巳芳子先生は愛用してくれるだけでなく、本や雑誌で紹介してくれています。その辰巳先生が頭を痛めているのは、味噌や醬油、豆腐、納豆の原料となる国産の大豆が激減（自給率4パーセント）していることです。

そこで小学生たちに掌いっぱいの大豆を畑に蒔いて栽培してもらい、それを自分たちの手で収穫してもらう運動を始めました。私もその「大豆100粒運動を支える会」の幹事を仰せつかり、子どもたちが作った大豆を給食用の味噌にしています。また先生に頼まれて「確かな味を造る会」の事務局長や、「良い食材を伝える会」の会員など、日本の味を守るお手伝いもさせていただいています。

調味料が良ければ料理はおいしくなる

毎日使う調味料は大事で、調味料が良ければ、料理は小細工しなくてもおいしくなります。うまさまずさは塩加減と言いますが、塩はほおばることはできません。減塩、減塩と言いますが、加工食品は目立たないように塩を使っています。塩をマキシングしている技術のために塩甘に感じるだけですから、本当の適塩ではありません。製薬会社の飲料水は汗と同じ成分と言って売るから、よく売れていますが、あれは1杯の味噌汁より塩分があります。

減塩といって味噌汁を目の敵にする風潮がありますが、人間重病時には生理食塩水注射ですよ。やはり適塩であって、うまさまずさも塩加減です。今、医療費は40兆円。これだけ食べ物に恵まれているし、サプリメントもこれだけ普及しているので、医療費がもっと減ってもいいじゃないですか。「日々の料理こそ明日への命」「味は心で五味調和」と、うちのしおりに書いてあります。

うちで造っているのは、今備わっている桶（発酵槽）の本数だけ仕込んでいます。今年の仕込みは来年、再来年用です。ゆっくり造ったものは、分析だけの麹値以外にもろもろのものが熟成されていて、薬膳的要素すら感じとれます。すべて教科書通りとはいきませんが、今食べているものがその人の細胞の原料になるので、健康は万人の願いです。日々の料理こそ明日の命、味は心で五味調和でいきたいのです。

酪農は化学肥料のいらない唯一の農業

有限会社冨田ファーム（北海道）　冨田泰雄さん

私は、右は右、左は左とはっきりしている人間です。東京に行くとエレベータで歩く人は左、大阪は右でしょう。私はどちらでもないから真ん中を歩きます。今日は久しぶりに晴れたので、牧草を刈るのに農協の大型機械を借りたのですが、職員さんがうちの牧草は有機なのに他より大きくて量も多い、草の質もいいと言って、びっくりしていました。完全有機で作り始めて20年になります。

みんな化学肥料を使うことの弊害に気づいていません。黒澤酉蔵さんはかつての雪印乳業を創設したひとりですが、酪農大学の創設者です。足尾銅山の公害を訴えた田中正造の発言に感銘を受けて学んだ彼は、「酪農は化学肥料のいらない唯一の農業」だと言っています。

私が酪農を始めたころは、化学肥料はなくてはならないものになっていましたから、本当にそうなのかどうか、自分の目で確かめることにしました。自分で実験し、分析し、確かだと思えることを20年間やってきたのです。

牛は人間界で起きることを教えてくれる

私も最初は化学肥料を使いましたが、牛がイライラとして落ち着かず、気がたっているのに気づきました。牛は2年で親になり子を産みますから、人間より10倍成長が早い。牛は人間界で起きることを短期間で教えてくれています。今は若い人たちがよく切れるとか、落ち着いて物事ができないと言いますが、それはカルシウムやビタミンD、ミネラル不足です。ミネラルは、カリウム、リン、マグネシウムのバランスが大事で、カリウムが多いリンや、カルシウムのミネラルは吸収できません。これはお汁粉に入れる砂糖と塩の関係に似ています。砂糖と塩が仮に4対2だとします。でも砂糖を8入れたからといって塩をその半分の4入れたら、食べられるものではありません。

土のなかでもそうした現象が起きており、カリウムが多いとミネラルが吸収できません。そういうときは牛は立てなくなったり、きちんと落ち着いていられなくなったりします。

人間の場合はいろんなものを食べるから複合汚染と言って、何が原因かはっきりしませんが、牛の場合は原因がすぐわかります。

ですから、私はまずカリウムを使わないことから始めました。また化学肥料はまったく使いません。すべて牛の堆肥（たいひ）を循環させた有機肥料で牧草を育てています。いぶりこという楢（なら）の木は、秋に葉っぱが落ちて枯れて、それが栄養になって育ちますが、それと同じように牛が排泄（はいせつ）したものを無機化して土地の栄養にしています。有機でも単なる有機とは違い、ＤＮＡが同じもので育てる循環型有機です。

うちはその牛乳からチーズを造っていますが、化学肥料を使っていると、土は酸化し、pHが高くなります。それは土が荒廃していく状態です。そうすると雑草にも病害虫にもおかされやすくなり、その結果農薬を使わざるを得なくなります。けれど化学肥料は炭素がゼロです。物体というのはすべて炭素でできていますから、土には炭素が必要です。土壌が大事なのです。こうした考えが高橋先生と一致しました。アートテンの詳細はわかりませんが、アートテンは良いものを伸ばし、悪いものを除去する力があります。私も悪くしない、根本のところから良くしようとする考え方で、目標はまったく同じです。

アートテンは牛舎と畑の一部に入れています。チーズ工房もそのなかに入っています。

いい牛乳を出してくれていることは数字上から出ています。チーズを造っている息子もびっくりしています。他所（よそ）と違うことはすべて数字上に出ています。何もしないで突然いいものができるというのはあり得ません。原因があって結果があります。

変わらない品質の維持にひたすら努める

私は大型機械に頼らず、それなりの機械を使い、牧草地に均一に有機を使うようにしています。多いところがあったり、少ないところあったりはしないように気を使い、それをただ繰り返しているだけです。

北大の酪農大学の松永先生はいろんな実験をされ、そのデータを出していますが、その数値はうちのフィールドでやっていることと一致しています。とくに大切なのはCN比といって、大切な炭素と窒素の割合です。

放牧はいいと言いますが、従来のやり方では放牧にも大きな欠点がいくつかあります。それも私はクリアしました。放牧がいいのはまず化学肥料を使わないことです。スイスやフランスの傾斜のある丘陵地帯に放たれた牛が、肥料の撒（ま）かれていない牧草を食べてそこに排泄するということで自然の循環が行われています。排泄されたばかりの牧草は悪い方向に傾きますが、時間が経てば有機質は無機質化されて良い方向になります。長いスパンで考えるとそれも成り立ちますが、単年度では悪い現象も起きます。

私は1カ月半くらいの単位で、土壌菌の力を利用しています。土壌菌というのは1グラム中に10^{-9}から10^{-10}くらい生息していますから、先ほどのCN比がある程度以下であれば、1カ月半ほどで有機質を無機質化してくれるのです。それを20年もやっていると養分のある腐葉土ができます。そのため牧草がよく育ちます。さらに牧草には豆科（花が咲く）と、禾本科（花が咲かない）がありますが、豆科は空中窒素を固定化できるので窒素がいりません。私はその豆科の割合を多くしています。

しかも豆科は栄養価が高いのです。最初からわかっていたわけではありませんが、やっているうちに循環農法の自然農がいい方向に働いていったと思います。

発酵は日本のお家芸

フランスは国を挙げて有機農法を推奨しています。そして牧草が一番いいのは花が咲くころで、ミツバチもそのころやってきますが、味や香りが牛乳やチーズに移ります。私はたまたま牧草に花を咲かせていました。それも1年に3回咲き、それがラベンダー畑のようになります。またアルファルファと言って牧草の女王と言われるものも多いのです。こんなふうにいい条件が定着するのは周りからも驚かれます。

花が咲くころの牧草を私は乳酸発酵の技術を使って貯蔵していますから、牛たちに1年中最高の草を食べさせることができます。放牧というのは、冬は雪の下だし、花が咲くころも短いですから、安定性がないし、いいときは一時しかありません。ところが私はいちばんいいときの草を取って貯蔵しますから、常に最良のものを牛に食べさせられるのです。それが放牧と私がやっている循環農法の違いです。

発酵というのは日本のお家芸です。醬油や味噌、酒、鰹節など発酵の技術はすごいです。乳酸発酵には大きな特徴があります。草とか大豆を乳酸発酵させると、現物より成分を高めることはできないかわりに、おいしいものを造ることができるのです。酪農のヨーグルト、チーズはまさに発酵させておいしいものを造る技術です。

ところが化学肥料を使った草を使うと、乳酸発酵をさせるために必要な糖分がなく、酪酸と言って腐るところが出てきます。そうすると匂いが強くなったりします。フランスなどの放牧では生の草を食べさせますから酪酸のリスクはないのですが、私はそのために酪酸させない乳酸発酵についても研究してきました。とくにチーズを造るときには、酪酸胞子の影響が10^{-1}以下の牛乳でないとだめです。だから放牧でないと穴が開いているエメンタールのチーズは造れないのです。うちは発酵させた草ですが、その条件を満たしているので、エメンタールチーズも造っています。エメンタールチーズはうちでしかできないチーズです。

ものを作るときに大事なことは、つねに一定のものを作ることです。乳牛は１５０頭いますが、毎日搾乳するのは90頭。牛はお産すると乳の成分が変わりますから、１頭の牛乳からチーズを造れば、つねに違うチーズができます。けれど毎月１頭ずつお産した牛を入れていけば、トータルとしてその成分は一定になります。餌（えさ）は年間通して変わりませんから、牛の構成比を変えることで牛乳の数値を一定化しています。したがってお産もできるだけ均等にできるようにと考えています。そうすると牛乳の成分である脂肪、無脂固形、タンパクの数字が年間を通して一定します。これがうちの大きな特徴です。

それを証明するために、毎日データを記録しています。感覚で覚えるとなると不安定ですが、数値化していれば、新製品を作るときにもそれが土台となっていろんなことに役立ちます。大手の牛乳は、いろいろな数値がありますから、その平均値で作られています。けれどトップのものを作りたいと思えば、私のように個人でやるしかありません。

世界一のチーズ造り

牛乳の成分が一定すれば、うちのチーズは365日成分が変わりません。こういう点で放牧に勝る点はあっても劣る点はありません。ですから私は世界一のチーズ造りを目指してきました。

チーズの神様と言われる泉圭一郎さんは、チーズはなんと言っても原料だとおっしゃっています。私はその教えを守って「原料に勝る技術はない」をモットーにしてきたのです。それも世界では類のない、発酵という技術を使っていることも私の特徴です。しかも、つねに土壌分析をしてきましたが、5年くらい経ったところで私の思いは確信に変わりました。

私はもともと幾何学が好きで、その道に進みたかったのですが、長男として牧場を継ぐことになりました。けれど数字は嘘をつかないので常にデータを取ってきました。酪農を継ぐ以上は、酪農の真髄を追求していきたいと思ってきたからです。そこからおいしい牛乳はどうしたらできるのかということを試行錯誤して、ここにたどり着きました。今はいろんなところから、それが良かったことを証明してもらえるようになりました。

洞爺湖のホテルウインザーのフランスレストランのシェフ、ミシェルさんがうちのチーズを見つけてくれ、「あなたのチーズはフランスのチーズに負けていませんよ」と言って使ってくれました。それが元で、植樹祭で北海道にいらした天皇陛下の食事にも出していただきました。うれしかったのは、天皇陛下がいろいろな北海道の食品を味わったなかで、あのチーズを翌朝もう一度食べたいとおっしゃってくださり、その日のうちに私のところに電話が入りました。メロンでもなく、鮭でもなく、チーズですよ。それが私のいちばんの名誉です。

昨年は、那須の御用邸に陛下滞在の際もチーズを出していただきました。そこにいらしたアメリカの大使が「アメリカにはこんなチーズはない」と言ってくださいました。伊勢神宮では、こういう農業を個人でやっているということが評価され、農業大賞に準じるという賞を北海道代表として選ばれました。またＪＡＬのファーストクラスでもうちのチーズが使われたりと、いろいろな評価をいただいています。

２００２年からチーズを造り始め、２年後に北海道で優秀賞をいただきました。その２年後に日本一の賞をいただきました。それはやはりこの牛乳があったからです。そのころはまだ3種類、モッツアレラとラクレットで食べるチーズしかなかったのですが、どのチーズもこの牛乳の味がすると言われました。

２０１３年には、幕張でフードデックスジャパン（FOODEX JAPAN）というアジア最大級の食の祭典があり、会場の食品関係者に投票していただき、うちの牛乳が日本一に選ばれました。翌年はヨーグルトがグランプリを、今年はチーズがグランプリを獲得しました。うれしいことです。売り上げの8割は、今はチーズです。牛乳、ヨーグルトが２割でしょうか。

スケールではかないませんが、質では負けない自信がありますので、世界一を目指して頑張ろうと思っています。そのためにはオリンピックで外国からいらっしゃるお客様たちに良いチーズを出したいです。

第8章

宇宙のしくみを生かした
産業やビジネスで
幸福を循環する

自然界と同様、塩も大切なのはミネラルバランス

一の塩株式会社（佐賀県）　取締役社長室長　太田慎吾さん

13年前に製塩業を創業しました。地域で海の資源を生かして何か産業を興そうということになり、父が手を挙げたのが始まりです。佐賀県呼子沖に浮かぶ小さな島、加唐島に製塩工場を建設しました。島の周辺を流れるのは栄養豊かな対馬海流の海水で、雨が降っても海が時化てもにごらない透明度のひじょうに高い海水を原料にしています。

また金属のなかでも塩がまとわりつかないニッケル合金で特殊な釜を作りました。というのはステンレスの一番いいものを使っても塩で錆びるのです。さらに完成するまで外気に一切触れないラインを作りました。膨大な設備投資でした。

工場の下、13メートル下の地下海水を汲み取って自然ろ過し、逆浸透装置で真水とかん水に分離します。真水は飲料水として利用し、かん水を蒸発缶で減圧しながら60度の低温でやさしく炊き上げます。塩の結晶が始まったかん水を沈殿槽で冷却。このときも低温で

やさしく結晶を待ちます。一連の工程は外気に一切触れないため、ＰＭなどの大気汚染や外気からの異物混入を防いでいます。

海もまた環境汚染で汚れていますから、それを煮詰めていくと真っ白になります。天然塩というと少し褐色がかっているイメージがあると思いますが、本来海水に色はありません。モーターボートで走るとできる波が真っ白なように、自然の塩もじつは真っ白です。

高橋先生との出会いは大宅さんにご紹介いただき、父が心動かされ、２００４年にアートテン化していただきました。最初の1～2年はいい塩ができずに試行錯誤をしていたのですが、そのころ、大宅さんからお話があり、アートテンを導入しました。

最初は海水をアートテン化してもらい、その2年後に釜やラインなど設備全般にアートテンの技術を入れていただきました。そのおかげで塩にエグミや苦味がなくなり、出来上がる塩はサクサクになりました。塩で大事なのはミネラルです。ミネラルは自然界と同様、そのバランスが大事です。なかでも理想的なバランスは、カルシウムとマグネシウムの比率が2対1とされ、「一の塩」はミネラルバランスにおいてトップクラスの自然海塩です。

3年前に創業者の父が亡くなり、私が後を継ぎました。そして24年に、伊勢の商工会を通して伊勢神宮奉納大賞をいただき、奉納許可をいただいています。伊勢神宮では県外最

低温濃縮釜

初の塩だと聞いています。大変名誉なことです。

上の写真の低温濃縮釜は、塩がこびり付きませんので、剝(はが)がす作業は必要ありません。したがって海水は工場の真下から汲み上げ、ここから乾燥工程までいっさい人手に触れないため、極めて衛生的に塩は作られます。

子どもが喜ぶ麺（めん）

安達製麺（長崎県）　安達千代蔵さん

２０１１年のことです。大宅さんが「不思議かとよ～」と、家に来てアートテン技術のことをいろいろ話されました。その後、高橋先生が島原まで来てうちの工場をアートテン化してくださいました。

　創業は１９７３年です。うちの製麺は機械を使いますが、各工程の間にゆっくり時間をかけ熟成を待ちますので、「手延べ」とうたっています。まず小麦粉に食塩水を加え、よくこねて「麺生地」を作ります。「麺生地」は、短時間で無理に細く延ばそうとすると切れてしまいますので、縒り（よ）を掛けながら、熟成を繰り返し丹念に仕上げます。延ばした麺紐は何回かに分けて延ばしていきますが、最終的に１本、１本、丁寧にハタに掛けて、さらに２メートルまで延ばします。それを乾燥室で温度・湿度を調節しながら、18時間かけて乾燥。麺水分が13パーセント以下になったところで裁断します。麺になるまで12工程、

30時間ほどを要します。

家族とパートさんを合わせて総勢6名、早朝から休む暇なく毎日同じ工程を繰り返しているので、はっきり言って私たちはアートテンの効果がよくわかりません。でもお客様が増えてきているのは確かです。そのお客様がいろいろ教えてくれます。「うちの子は他の麺は食べないけれど、おたくの麺は食べるんですよ」とか、「市販のパスタはゆで時間が12分かかるのに、4分でゆであがる。そしてうまい。どうなっているの」

うっすらと卵色したそうめんの色は通常1~3年寝かせて出る色だそうですが、うちは乾燥18時間後には卵色になっています。それもアートテン効果だと高橋先生に言われています。なぜそうなるのか、不思議でたまりません。

この地域で手延べそうめんが作られるようになったのは350年ほど前からです。少し前まで手延べそうめん生産量としては全国2位を誇っていました。というのは、その8割が「三輪そうめん」として売られていたのです。

現在は「島原手延べそうめん」として、島原の地域ブランドを確立しています。地元のお客様だけでなく、最近はアートテンを通して全国からコンスタントに注文が来るようになりました。新しいお客様にも喜んでもらいたいと、手延べパスタや蕎麦パスタなど、新

手延べそうめん乾燥室

商品を作りはじめ、好評です。麺は伸びませんが、売り上げがすごい勢いで伸びています。こんな大変なご時世にありがたいことです。

種は大地に歓び、音は天に舞う

AMAN RYUSUKE SETO 瀬戸龍介さん

私は音楽家としてかれこれ50年ほどになりますが、今の日本において最重課題のひとつである農業にも大変興味があり、親しい仲間と埼玉の富士見市でお米を作っています。あるとき、友人がものすごい人がいるといって連れて行ってくれたのが、高橋呑舟先生の富士の裾野にある現代健康研究所でした。

その日、先生の研究所はものすごい人で混みあっていて、足の踏み場もありませんでした。しかも、いろいろな方々が次々と全国からいらしていて、先生とゆっくりお話しすることもできません。何回も通ううちに、お話しさせていただく機会もでき、それからは先生のいろいろな興味深いお話を聞くのが楽しみで、度々お伺いするようになりました。楽農会という農業研修体験会を始めて今年で9年目になりますが、3年ほど前から高橋先生のアートテン・テクノロジーという農法を採用させていただきました。あるとき友人が田んぼに犬を連れて来たのですが、アートテン・テクノロジーのセラミックを埋めたところに、その犬は座り込んでしまいます。「さあ行こう！」と言って犬の綱を引っ張ってみても、また違う埋めたところに行っては座ってしまうのです。そういえば「深く埋めないと、カラスや動物が持って行ってしまいますよ」と言われていたのを思い出しました。犬の反応を見て、アートテンとはいったい何なのか？　高橋先生とはいったい何者なのか？　これからどんなことが起きるのかと、心がワクワクドキドキしたのを覚えています。

柳下春良氏は無農薬、無化学肥料、無遺伝子組み換えで40年以上もお米や野菜を作ってらっしゃいます。埼玉県の富士見市で行われた私のコンサートの際に市役所の阿由葉課長から「無農薬、有機農法で農業をしているすばらしい方がいる」と、ご紹介いただきました。それから9年間、稲作の基本や農業の心など、とても大切なことを教えていただいています。

田んぼの微粒子が活性化

3年前、田植えが終わって草取りの日、柳下先生が「あれ～稲の緑が濃くなったね」とおっしゃいました。じつは、その日の午前中にアートテンのセラミックを田んぼの四隅に深く設置していました。なんとその日の午後には、もう変化が出ていたのです。無農薬、無化学肥料40年の超プロの農業家がそう言うのですから、間違いありません。アートテン・テクノロジーとは何ぞや！　これは世界的に大変な農業革命が起きるぞ！　と、私は強く確信しました。じつは、アートテン・テクノロジーは農業のためだけにあるのではなく、宇宙森羅万象、すべてに適用できる超宇宙科学です。

ふつう田んぼの水は澄んでいますが、うちの田んぼの水は濁っています。というのは、微生物が活発に活動すると水が滞留して濁るのです。柳下さんがそれを見て、「すごい！すごい！　これは、いい米ができるぞ」と喜んでくれました。今年はアートテン3年目になりますが、太古の生物のカブトエビさんたちもたくさん田んぼのなかを泳いでいます。高橋先生に「3年目はすごいぞ！」と言われていたので、今からとても楽しみにしています。

この5月に、私が主宰している楽農会で、仲間と一緒にタネの植え付けを行いましたが、そのとき柳下先生が、今年は「タネが喜んでいますねー！」とおっしゃっていました。柳下先生にはちゃんとわかってしまうのですね。タネさんたちがやっと私たちのことを認めてくれたのでしょう。私たちはプロじゃないし、いわば「なんちゃって」農業グループです。それなのにタネさんたちが喜んでくれていると言われたときは、うれしくて思わずウルっときました。

この間、また田んぼに行ってみたのですが、稲穂も、土も、田んぼもみんな輝いていました。これは誰にもはっきりとわかります。今は、その田んぼの脇にある天満宮へ全員お参りをさせていただいてから農作業にかかっています。神様もきっと「そうか、それならば助けてやろう!」と言って、喜んでくださっているのだと強く感じています。

神様が奏でる神の歌

私は住む場所、そして音楽制作をするところは、富士山が見えるところにしようと昔から決めていました。あるとき、富士山の見えるレコーディング・スタジオがあるけど、どうかというお話があり、早速、私と妻のイレーヌは現地を見に行きました。

私は、そこが私たちが住む場所、音楽をする場所であるかどうかは、富士山の神様に聞いてみようと思いました。そして事前に「そこが住む場所であり、音楽の制作をする場所であるならば、どうぞ、お姿の全容をお見せください。もしもそうでないならば、お隠れください」と、富士山の神様にお願いしました。

　現地踏査の当日は曇りで、外はまったく何も見えません。家とスタジオを見終わった後、窓ガラスに額をくっつけて見ても、雨霧のなかに富士山は隠れているばかり。そうか、ここは私たちの来る場所ではないのかと思いました。ご案内してくださった方にご挨拶をして車に乗ろうとして、ふと振り返った瞬間、なんと富士山がその壮大な優美なお姿、しかもその全容を現してくださっていました。窓から確認してから1分も経っていないのにです。ヤッターと喜び勇んで「ここだ！　ここに住むんだ！」と二人で大騒ぎになりました。

　そして山を下り、車が富士五湖道路に入った途端、後ろから来た車が私たちの前にスーッと入ってきました。その番号を見たときに、またしても驚きました、なんとその番号は5678だったのです。「567」ミロク、そして8は無限、永久、富士の形、末広がり、つまりミロクが無限に永久に末広がり発展するという番号ではないですか！

　私たちは身体が震えるほど感動しておりました。思わず脇に車を止めて感動をかみ締めていると、そのとき妻のイレーヌは私に初めて告げました。「もし、その家が私たちの住む家だとしたなら、見終わった後5678の車をお見せください」と、富士山の神様にお願いをしていたことを。それを聞いた私は驚きで頭の毛が立ち、感動で震えていました。二人が互いに何も言わずに神様にお願いしていたことが、その直後に続けて起きたのです。これこそ正しく神仕組みではないでしょうか。私たちは、それ以来、この家とスタジオを私たちの住む場所、音楽制作の拠点にさせていただいています。

ある日、高橋先生にスタジオや楽器にアートテン・テクノロジーが使用できないでしょうかとお訊ねしたところ、もちろんできるとおっしゃいました。そして、スタジオにあるたくさんの楽器に次々とアートテン・テクノロジーを施してくださり、最後にスタジオのコーディング・コンソールにもそのエネルギーを入れてくださいました。その日、エンジニアは休みでしたが、翌日彼がスタジオに入って「あれ？　何かしましたか」と聞きました。彼にはアートテンのことは何も言っていなかったのですが、音が変わったのがはっきりわかってしまいました。じつは音が変わっただけではなく、天に舞う大宇宙音になったのです。

先日も、ニューアルバム『日本の世明け』の製作が終わりましたので、高橋先生にそのＣＤのマスターにアートテンのエネルギーを入れていただきました。マスターにエネルギーを入れれば、そこから製作するＣＤには全部エネルギーが入ります。

『日本の世明け』は、2013年の1月10日に出雲にお参りさせていただいたことがきっかけで完成した光響曲のアルバムです。出雲大社、須賀神社、八重垣神社などいろいろお参りさせていただいて、その日は宿に泊まって寝ました。すると翌日11日の朝4時、私は神様に起こされました。「出雲の心、世の元の心、日本の心、今蘇る！」とのお言葉が響き、曲と歌詞が聴こえてきました。手元にはiPadしかありませんでしたので震える手で、急いで懸命に入力しました。

その最後の節に「かごめ、かごめ」が出てきましたが、その一番最後の歌詞はなんと「後ろの正面だあれ」ではなく、「後ろの正面　出雲！」となっていました。驚きとともに、そうか、日本が蘇る世明けだ！　出雲がその鍵だったのかと、とても不思議な感覚がよぎり、腑に落ちました。平成25年、5月10日出雲大社の平成の大遷宮において、友人の竹田恒泰氏のご紹介で光響曲「蘇る！出雲」を正式に御奉納をさせていただきました。

その2カ月後、7月24日の私の誕生日の日、妻のイレーヌと一緒にデッキで富士山を見ながらお茶を飲んでいました。するとそのとき、「ラララララー！　ラララララー！」また曲が舞い降りて参りました。これは「はるかなる伊勢」という曲であるとすぐにわかりました。またしても、スタジオに飛び込んだ私は早速レコーディングに取りかかりました。

『日本の世明け』に収められている曲は、こうして神様よりいただいたものです。アルバムに収録されている曲のほとんどは、こうしてものの5分くらいでできてしまいました。

そして、10月の5日、伊勢神宮の式年遷宮に、この曲「はるかなる伊勢」を無事にご奉納させていただきました。出雲と伊勢が同じ年に遷宮。今までかつて正式にはなかったことです。まさに和合、融合、統合の時節がいよいよ来たのです。

さて、もうこれですべて終わったのかなと思いしや、今度は出雲、伊勢と3つ目の点「元伊勢」天橋立の曲が降りてきたのです。翌年、2014年5月11日には高橋呑舟先生をはじめ籠神社禰宜海部穀成氏、宮津市長井上正嗣市長の列席のもと、元伊勢の300人収容のホールにおいて、ご奉納コンサートをさせていただきました。高橋先生は日本の元の神を祀る宮、農業の神を祀る宮として、元伊勢、真名井神社の復興を呼びかけていらっしゃいます。元伊勢の天の真名井神社は私も40年前から何度もお参りをさせていただいておりますし、また、あるときはお百度もさせていただいたこともあります。

そして、その最後の最後は、三点の頂上に、富士の大神「不二先元（せんげん）大神」の曲「不二 高天原」をご奉納させていただきました。2014年7月6日早朝、不二阿祖山太神宮において、不二阿祖山太神宮祭主渡辺宮司のもと、無事にご奉納をさせていただくことができたのです。

神様と出会って40年。それ以来、神様の追っかけをやってまいりました。それもあって高橋呑舟先生のおっしゃることはまさにその通り、宇宙根源の真理と理解しています。

デジタルボードで世界を変える

――株式会社ヒット取締役ゼネラルマネージャー　皆川省一さん

私は出版社をやっていましたが、うまくいかず、最悪のときに高橋先生に支えていただきました。外出するのは週1回高橋先生のところだけという時期もあり、そのときはいつもおいしいご飯をご馳走になりました。そして「このご飯を食べていれば大丈夫、心配ないよ」と励ましていただきました。

知人だったヒットの社長を高橋先生にご紹介したことがきっかけで、自分の会社を整理し、ヒットに入社することになったのが4年前のことです。

ヒットはポスター看板を22年間やってきた会社でしたが、私が入社したのを機に、デジタル化していくことになりました。現在は収益の60パーセントはデジタルボードですが、当時はまず首都高速道路沿いに10面のデジタルサイネージ（電子看板）を作っていくことから始めました。新規開拓がほとんどでしたが、それを次々とアートテン化していきました。

まぶしい、邪魔といった苦情があったり、コスト削減のために台湾製を使用すれば故障が増え、何とかしたいというのが最初の動機でした。アートテンを導入してからは、そうした苦情はゼロになり、故障も極めて少なくなりました。

屋外の看板はゲリラ豪雨や台風、異常気象の影響を受けたり、また火事などの事故があったりと、いろんなハプニングに見舞われますが、そうしたトラブルもいっさいなくなりました。

デジタルボードの利点のひとつですが、畑とは違ってパソコン操作で情報を入力することができます。高速道路沿いに営業をかけたその次は、渋谷のスクランブル交差点を狙（ねら）って営業を始め、高橋先生のアドバイスで1年がかりでオーナーさんを獲得しました。

これまでの看板業界は、ほとんどが代理店さんを通しての契約でしたから、オーナーさん直の営業は異例でした。さまざまな利権が絡んだ世界でもあり、成立するまではなかなかスムーズには運びませんでした。けれどオーナーさんは最終的にはヒットでやるとおっしゃってくださいました。

低予算で最大の効果を上げる

高度成長する右肩上がりの状況のなかで日本の広告業界は勢力を伸ばし、マスコミ、テレビ業界は代理店がすべて押さえ、価格も高止まりでした。著名なタレントさんを起用してCMを打ち、膨大な総額予算をあげていました。右肩上がりのときは良かったのですが、成長が止まった昨今はそうもいきません。

そこで私たちは低予算で最大効果を上げるチャレンジをしました。そのために自分で媒体を持つことにより、低額予算で大型ビジョンに掲出できることをヒットの売りにしました。大きなポスターを作れば、その制作費は高額になるばかりではなく、手でポスターを貼っていく職人のコストもばかになりません。ところがデジタルですと、テレビCMや動画をそのまま使うことができますから、まず制作費がかかりません。

これまでポスターなどの屋外広告は、広告業界のなかでもいちばん遅れたメディアと言われ、将来性を期待されていませんでしたが、デジタルになり、スマホが普及したことで流れが一気に変わりました。大きなデジタル広告を掲げ、それをスマホに誘導したり、店舗に誘導するということがしやすくなり、広告価値が一変したのです。

さらに、屋外広告は強制視認といって、目に勝手に飛び込んできますから見ようとしなくても見てしまうものです。それはかなり影響力があり、しかもこれまでは品のないもの、消費者金融だったり、テレクラだったり、風俗だったり、が目立ちました。そうしたなか、私たちはできるだけ人を悪いほうに導くものではなく、人々が前向きになり、元気になるものを入れていくことにこだわりました。その甲斐(かい)あって、今ではメルセデスベンツとキリンビールがトップクライアントになり、それが我が社のブランドの象徴にもなりました。

しかも、これまで屋外広告の多くは1年契約で、1年間同じ広告を掲載していましたが、うちは2〜4週間単位で切り替えていくことを提案。その結果、ベンツの新車、Cクラスが発表されたときは、その広告を首都高速上に一斉に1カ月間ジャックすることを提案し、すばらしい成果を上げました。それもこれまでにはなかった手法でした。

デジタルボードは、ポスターとは異なって仕様変更が利きますから、朝は缶コーヒー、夜はビールの広告と変えたり、週末と平日の内容を変えたり、プログラムを自由に組んで活用することができます。

販売方法もこれまで他社は、テレビCMと同じ形をとっていましたが、うちは看板の延長として考えることにしました。1時間当たり15秒で2回といったこれまでの価格を、2分に1回、1時間当たり30秒を計30回繰り返し見せることにしたのです。放映回数を増やすことで、放映単価を安価に抑えることもできました。こうした自社のボードをセットで多面的に、短期間で販売する手法は、ヒットならではの展開でした。その結果、ヒットを選んでくださるお客様が増えていきました。

看板が住みやすい、楽しい街作りを担う

2014年5月、渋谷にデジタルボードが設置された日、テレビ東京のニュース、ワールドビジネスサテライトで、その出来事がニュースになりました。タイトルも「渋谷のスクランブル交差点に日本最大級のLEDビジョンが登場」。

バスケットコート1面の大きさ（高さ17メートル、幅24メートル）に、LEDが100万個以上使われていますから、どこから見てもきれいに見えること。1日40万人は通ると言われている渋谷のスクランブル交差点の待ち時間120秒の間に、30秒ずつ4社の広告を流すしくみで、広告料は1週間で300万円。設置費用はおよそ4億円と、その画像とともに

紹介されました。

アートテンを導入するにあたり、高橋先生は街の発展や、街にいいエネルギーを出していこうとおっしゃり、そうした情報をボードに入れてくれました。例えば、幸福感を感じる街、癒しを感じる街、半グレが来ない街、精神的成長が起きる街という情報を、クレームや故障のないLED、スポンサーが納得するLEDなどに加えて入力してくれました。

こうした情報は街を歩く人々の無意識に働きかけ、街に変化をもたらします。その効果あって、この巨大広告を設置してまもなく、渋谷の街は人気投票で一番になりました。また、首都高速沿いのデジタルボートの影響で交通事故も減っているようです。そして街に掲げる私たちの電子看板で、街やそこに住む人が幸せになるという夢が叶うなら、こんなすばらしい仕事はありません。

モチベーション次第で奇跡は起こる

私はじつはサザンオールスターズが大好きで、自社のボードにサザンの広告を入れるのが夢でした。そんなある日、レコード会社の担当者を偶然ご紹介いただくことができました。その夢を早速提案させていただくと、まさにニューアルバム「葡萄（ぶどう）」が発売されるというタイミング。渋谷のツタヤで日付が変わるその深夜からアルバムを売り出すことが決まり、それに合わせてサザンの映像を渋谷のデジタルボードで流していただけることになりました。その出来事は私を大いに奮い立たせてくれました。そしてこの仕事をやってきてよかった、と心から思えた日でした。

アートテンのビジネスの特徴は、結果が出るのがものすごく早いことです。ですからうまくいかないことを引っ張らないことが大切です。たとえアートテンをしても結果が出ないことがあります。そんなときはすぐに止めて方向転換をします。農業は、今日と明日の手法が違うことはありませんが、ビジネスは今日やったことが明日変わる世界です。結果が出ないということは、方向が間違っているか、やり方が間違っているのだという確信もできました。ですから私は昨日言ったことを今日は平気で変えています。

以前は、うちの広告営業も代理店を通してやっていましたから、直接のクライアントは1社もありませんでした。そこで12月から1月末にかけて、直接のお客さんを１００社作ろうという目標を作りました。全員がそんなことができるはずないと思ったのですが、結果は1月末に１５０社のお客様が取れました。

そのために仕事の分担を超え、総務から営業まで全員が外に出て営業をしました。そして経理の女性が、自分の好きな養命酒の広告を取ってきたことから空気が変わりました。私が大好きなサザンを入れたように、自分の好きなものを街の広告に入れようと動き出したことで、次々に奇跡が起きたのです。

世界の街を変えたい

この3年間ひたすら突っ走ってきた結果、クライアントは現在、300社を超えました。デジタルボードの数はまだ1割に満たないのですが、その収益は大きく、2015年度の売り上げはおよそ14億円となるでしょう。しかも経常利益は4億円です。この業界で3割の利益を出せる社はありません。2014年が10億円の売り上げで1億4100万円の利益、2013年が8億円の売り上げに7000万円の利益ですから、アートテン導入後、ビジネスとしてもすばらしい結果を出しています。

今後のビジョンとしては、このデジタルビジョンをアジア中に広げたい。ASEANをヒットの看板で埋め尽くし、東南アジアのメディア王を目指したい、そんな夢を持っています。

　アメリカのタイムズスクエアには４Ｋビジョンといって、２５００平方メートルの大型ビジョンがあります。渋谷のボードの６倍くらいの大きさがあり、すごい迫力です。広告は金融と連動しているユダヤ人の世界ですが、アジアは私たちの手で作っていきたいものです。インフラを整備していけば、世界はワールドワイドで繋がっていくでしょう。２０１６年、そんな夢の実現のために、シンガポールでホールディングスを作って上場する予定です。

　かつて、私が行き詰まっていたとき、私自身は世のため人のために働いていると思っていましたが、それは自分の名誉のためでした。自分のことしか考えていなかったのです。それは高橋先生の利他の生き方を見ていて気づかされたことです。そこから再生できましたので、これからは本当に人のため世のために働いていきたいと思っています。

奥多摩の大自然のなか、オーガニックお肉カフェをオープン

アース・ガーデン店主　榎戸恵浪さん

奥多摩でアース・ガーデンという自然の素材を活かしたレストランを経営しています。ところが、3・11以降、安心、安全な食がもう得られないのではないかと、店の存続に不安を抱いていました。その気持ちを友人の井上祐宏さんに話すと、「大丈夫、大丈夫、いい人を紹介するよ」と連れて行かれたのが、高橋先生の現代健康研究所でした。先生は食についていろいろなことを話してくださり、感動しました。

そして不安で揺らいでいた私も安心、安全な食べ物があるということはわかりましたし、そのときから高橋先生は、井上さんに続く私のメンター（仕事上の指導者）になりました。レストランにアートテンの調味料を徐々に増やしていき、アートテンの野菜を可能な限り取り入れるようになりました。そして店内をアートテン化しました。

それでも当初、客足はなかなか伸びませんでした。井上さんがいろいろなアイデアを出

してくれ、「まず、講演をしなさいと」と、その場を設けてくれました。自分が講演するなんてとんでもないと言ったのですが、「やらなければだめだ」と背中を押され、なんとか人前で話すことができました。いろいろな仕事を経て、自分がいちばんしたかったレストランを始めたことを話したのです。熊本育ちの私が奥多摩の自然に癒されたことも。井上さんはその映像を撮り、ＤＶＤ「アース・ガーデン物語」を制作してくれました。

なんとそれがきっかけで、アース・ガーデンはテレビで紹介されることになったのですから、何でもやってみることは大切です。ひとつはＮＨＫの「朝イチ」で、もうひとつはテレビ朝日の「食彩の王国」でした。それからお客様がどんどん増えて、売り上げは過去最高になりました。

後でわかったことは、売り上げは上がったにもかかわらず支出も多く、収支はトントンでした。忙しかったわりに利益は思ったほど出ていませんでした。

井上さんは、今度は私の顔写真を大きく入れた看板を作ろうといいます。またもや「えぇっ、そんな！」と思うのですが、前回のこともあり提案通りにすることにしました。

それを高橋先生に見せたところ、「森のカフェ」はもう古い、「お肉カフェ」にしなさいとおっしゃるのです。これにもまた「ええっ!!」と、ドン引きでした。これまで新鮮な野菜や玄米を主としたさまざまなメニューを展開してきたのに、お肉一本とは……。

でも、高橋先生がおっしゃるのだからと、真剣に考え始めました。たしかにこれまでのお肉ならけっしてやりませんが、アートテンのお肉の味は知っていましたし、新しい時代の新しい展開ができるかもしれないと徐々に考え始め、ついに「それでいこう！」と決心しました。

決心はしたものの、スタッフにはなかなか言い出せませんでした。私が驚いたように、みんなも驚くに違いなかったからです。そうするうちに「お肉カフェ」の看板が完成したので、ニコニコしながらそれをスタッフに見せると、私はスーッとその場を立ち去りました。後ろ姿に「ええっ!?」というみんなの驚きの声が聞こえました。けれどオーナーの私が決めたことでしたから、みんなも付いてきてくれました。

すばらしいメンターに支えられて

メニューもこれまでのようにあれこれ作るのではなく、塩麴豚丼、トンカツ、メンチ、コロッケ、オオバ焼みそカツなど4～5個に絞りました。大きな写真とともに説明を入れたメニューも作成しました。ジイちゃん自慢の奥多摩ワサビもふんだんに添えることにしました。お肉は鹿児島産で、さつまいもと野菜で育てた黒豚で、1頭丸ごとの注文です。もちろんアートテンの原種の六白豚です。本物の六白豚のおいしさは半ぱではありません。

お肉を食べられない人のために、ワサビコロッケやワサビパスタもメニューに入れました。それまで人気メニューだった玄米サラダピザも入れたいと高橋先生に相談すると、だめだと言われました。きっと私のなかにまったく新しく切り変えていく気持ちがまだできていなかったのだと思います。

2014年10月15日、アース・ガーデンは「お肉カフェ　オーガニック　アースガーデン」という店名に改めて、リニューアルオープンしました。けれど私のなかでは、リニューアルではなく新規開店の気持ちでした。これまでとはまったく違うオーガニック豚を、これまでにはない最高級のブランドとして売り出していこうと、気持ちは固まっていました。

奥多摩渓谷の自然はすばらしいのですが、冬の間はオフシーズンとなり客足も遠のきます。初めて半年経ち、いろいろなことが新たに見えてきました。これまでより単価が高いこともありますが、仕入れ価格が高くないため、利益率が上がっています。しかもメニュー数が少ないため、仕込みや準備に以前のような時間がかからず、スタッフ全員のなかにゆとりが生まれていました。これは予想していなかったことです。

まったく素人の私が、試行錯誤しながらレストランを初めて9年目ですが、ようやくレストラン経営がどういうことなのか見え始めた気がしています。それはアートテンという食材が、私に目に見えないさまざまなことを教えてくれたからです。そして正面から、また陰からさまざまなことを教えてくださり、支えてくださった2人のすばらしいメンターがいたからに他なりません。

そしてアートテン農業をされている方たちや、糀(こうじ)、塩、チーズを造られているアートテンの仲間たちから教えていただくことは深く、生き方を含め今自分が何をしたらいいか、いつも指し示していただいています。おかげさまで客足も順調で忙しい毎日です。

この冬からお客様のご要望に答えるべく、冷凍豚カツの通信販売を行います。また大豆1に対し糀1・5のアートテン味噌を使った極うまワサビ味噌もあわせて販売予定です。

モットーは、「ラーメンで健康」を

めん処玉田八店主　玉田浩司さん

僕のラーメンの師匠は高橋先生です。８年前までは木村まさ子さんが経営する薬膳イタリア料理店で働いていました。あるとき偏頭痛がひどくなり、そのことをまさこさんに話すと、「いい先生を知っているから」と、高橋先生のところへ連れて行ってくださいました。ヒーリングが終わると「とっておいたから、もう大丈夫」と先生に肩を叩かれました。その意味はそのときわかりませんでしたが、それから１カ月か２カ月に一度、先生のところに通い始めました。

４年経ったころ、ヒーリング中に先生から「ラーメン屋をやらないか」と声を掛けられました。でも１年くらい返事ができませんでした。するとまた「やらないのか」と言われました。ヒーリングを受けながら考え、おそらく３度目はないだろうと思い、「やります」と即座に返事をしました。

高橋先生のラーメンはときどきご馳走になっていましたが、それがとてもおいしいのです。高橋先生はラーメン道60年というラーメン研究家で、自らを無類のラーメン好き、また自称ラーメン博士と呼んでおられました。私は料理人として、そのラーメンの作り方を知りたいという思いもありました。イタリアンをやる前は中華料理を十数年やっていましたから。

それから2カ月経っても、先生のほうからは何の話もありません。何でだろうと思っていると、先生から「君の本気が見えない」と言われました。それで気づいたのは、僕のラーメンを先生に食べてもらっていませんでした。今度はラーメンを作りに来ることを約束して帰りました。

また食べたいラーメン

その次に行きますと、なんとラーメン作りの試験がありました。審査員は先生のラーメンを食べたことのある方たち5人で、僕の作ったラーメンに対して審査をするというのです。配られた紙には2項目、また食べたければ○、また食べたくなければ×と、書かれていました。結果は全員が×でした。僕のプライドはそのときそこで全部捨てました。そしてゼロから高橋先生に教えていただこうと思いました。

そう言いますと、「じゃあ、鶏を用意してあるから、今からやるか」と、そのままラーメン作りの指導が始まりました。びっくりしたことに3時間ちょっとでスープが出来上がるのです。それだけすごい鶏と豚肉だということです。鶏も豚も解体は自分でできましたので、スープのとり方を丁寧に教えていただきました。それから何度か自分で作ったスープを持って行っては感想を聞き、3年前にようやく認められるようになりました。先生は調理師の資格を持っておられましたので、衛生管理にも厳しい指導をいただきました。

最終試験として、また同じ5人の方に自分のラーメンを食べていただきましたが、今度は全員から○をもらいました。最初に食べたラーメンとは雲泥の差だと言われました。高橋先生は93点以上じゃないと認めません。おいしいとおっしゃっている店は全国に数店舗しかありません。その93点をいただけて、店を出すことになりました。

2012年9月22日に西大井町に「めん処玉田八」をオープンしました。店内にアートテンを設置すると、それだけで悪いものがはずれますから、店の雰囲気がとにかく良くなります。腰の悪いおばあちゃんがアートテンの田んぼに行くと元気になるというのもよくわかります。この店に入ってくるなり空気感の違いがわかる人がいます。チャーシューは獣臭がありませんし、店もラーメン屋さんの匂いがしないとよく言われます。お米や野菜はアートテン農家、鶏は徳島の鶏肉と鶏ガラと卵を、豚肉は天草の豚を使わせてもらっていますが、育て方が違うのです。どちらにも生産現場に挨拶に行きましたが夏だったのに、豚小屋も鶏小屋もまったく匂わないのにはびっくりしました。

おいしいものを育てるのは心

高橋先生に教えていただいたのですが、卵を食べる前に掌（てのひら）に包んで、「あなたの生命を糧（かて）として、この命を繋いで役立たせてもらうよ」と心から感謝すると、一瞬で卵の匂いも味も変わります。卵自体もともと割られるときは怯（おび）えているのだそうです。鶏や豚を育てている農家さんも面倒の見方が違います。みなさん我が子のように育てています。やはり必要なのは手塩にかけてお世話することなんですね。それが利他心とも言うべきものでしょうか。

大久保醸造の醤油も使わせていただいています。開店の3日前に電話で注文すると、

「うちはスープを持ってこないと使わせないことにしている」と言われました。でも高橋先生の紹介じゃあしょうがないなと言いながら「スープの色は何色だ」と聞かれました。黄金色と答えましたら、「おお、鶏ガラか。だったらうちの醬油を殺さないな」と、そこからスープ談義が始まりました。

さすが料理人の方を育てていらっしゃる方です。料理研究家の辰巳芳子さんや帝国ホテルのシェフだった村上信夫さんに気に入られ、村上さんからは西洋料理に合う醬油を造ってくれと頼まれたそうです。辻留の辻嘉一さんも大久保さんの「紫大尽」に一目置かれていました。

しかも大久保さんは化学に強く、話していると元素記号がバンバン飛び出します。そして「うちはお茶の時間が長いんだ」という話もされました。蒸した大豆を自然の風だけで冷ますらしいのですが、手で触って菌が死なない適温になるまで、お茶をして待つのだそうです。そういう生活を日々されているのですね。

ラーメン屋が開店してようやく落ち着いた3カ月目に、再び大久保さんにお電話して、松本までラーメンを作りに行きました。ご家族6人分をと思って行ったところ、いろんな人を集めてくださっていて、気づいたら30人分のラーメンを作っていました。そのなかにはテレビの取材チームもいました。

つわりが軽くなるラーメン

「ラーメンで健康」は僕の一貫した思いで、それが目的で来店されるお客さんも増えています。最近は妊婦さんも多いんです。そのなかのひとりは、ラーメンを食べるとつわりがおさまると言っています。そういえば、僕は山梨県の森のようちえんに年に2回か3回、ラーメン出張に出かけているのですが、そこで授乳していたお母さんがラーメンを食べた翌日、子どもの肌がツルツルになったと電話してきてくれました。出産後、それまで我慢していたものを次々に食べていたら、授乳していた子どもの顔が吹き出ものだらけになっていて、それがきれいに治ったというのです。そんなこともあるのですね。

僕は豚の脂を中トロ、大トロと言っているのですが、鶏と豚と魚介の3種類混合スープにはコラーゲンがたくさん入っているので、女性には「脂身を入れますか」と言わずに、「コラーゲン入れますか」と聞きます。すると、ほとんどの人が入れてくださいと言います。そのせいか僕の手や顔もツルツルになっています。コンドロイチンも多く含まれていますので、膝が痛かったおばあちゃんが「痛くなくなったよ」と報告してくれます。店には最多で5時間以上いた人もいます。昼ごはんに来て夕飯の時間までいて、またラーメンを食べて帰りました。

アートテンは面白いです。知れば知るほど面白くなります。そしてアートテンは不思議です。努力していない人には力を貸しません。ある程度までは努力しなくてもうまくいきますが、それ以上行くにはやはり自分の努力が必要になります。そんなことも教えてくれます。

店を開店したとき、僕は地元の氏神様に挨拶に行きました。そこは白蛇が祀られている珍しい神社でした。そして昨年の年末から今年の正月3日間、神社の境内でラーメンを100食作らせてもらいました。ずっと思っていたことでしたが、今年になってようやくその夢が叶いました。参拝者の列が例年より長く続き、終了したのは夜中の3時半でしたが、この地域の人にもやっと認知してもらえたような気がしてうれしかったです。

オーガニックにこだわる銀座のシックなレストラン

銀座　泥武士マネージャー　小川大生さん

1993年に熊本で始めたオーガニックレストラン泥武士。店名の意味はとよく聞かれますが、アメリカで経験を積んだオーナーは太っていて、最初に開店したのがデーブスレストランでした。その次に和テイストのレストランを開くことになり、悩んだ挙句、その店名をそのまま漢字に当てたようです。泥臭い、土の香りをそのままテーブルに出したいという思いもありました。

オーナーはグルメで、食育をとても大事にしていました。食材にこだわり、オーガニックにこだわりました。オーガニック野菜は地元で簡単に手に入りますが、肉はそうもいかず、世界中を探してアメリカでオーガニックの認証を受けたオーガニック・ポークを使っていました。

ところが5年前のある日、高橋さんのところでアートテン豚を紹介されて食べると、

「これはなんだ！」と、その味にびっくり。それからです、うちが天草のアートテン・ポークを使い出し始めたのは。肉質が柔らかく、脂身は甘く、臭みがまったくありません。うちは女性客が多いので、大変人気があります。ポークグリルや豚の角煮、豚汁も出しています。特製メンチカツやトマト煮込みのハンバーグも人気がありますよ。豚汁定食に使っている味噌もアートテン味噌で、そのおいしさに人気メニューになっています。11～4月までの季節限定で提供しています。

アートテン・ポークは飽和脂肪酸と不飽和脂肪酸のバランスが良いのが特長です。通常の豚は飽和脂肪酸がほとんどですので、身体的には良さに欠けると言われています。そのバランスが良いと身体に良いばかりでなく、口当たりが良く、あと味がさわやかで口のなかにベトツキが残りません。

アートテン・ポークを使い出して、もうひとつ驚いたのが、仕入れ価格がオーガニック・ポークのときの3分の1になっていたことです。味だけでなく経済的にもおいしかったわけです。

銀座店は今年で12年になりますが、健康ブームの到来で食事に気を使う人が増えているせいか、お客様は安定しています。とくにランチ時はほとんど満席。夜はコース料理以外にアラカルトでもお選びいただけます。今日はアートテン食材では佐賀のレンコンと、長野の白桃が入荷しています。アートテンの食材のなかでもとくにフルーツはなんとも言えないおいしさです。

天に恵まれた魂の味覚

冒頭でおいしいものを食べると、自然に笑顔になると言いました。味覚、おいしいという感覚は生まれてきてから何を食べてきたかによって変わります。けれど私たちはみんなＤＮＡに刻まれた、魂の味覚を知っています。それは大自然、天に育まれたものの味です。私は長年そのおいしさを追求してきました。

そこでアートテンを開発し、ひとつの目安として、アートテンのブランドの格付けを作りました。

最後にアートテンの最上級の格付けについて紹介します。その主な基準は、日本全国に流通している1パーセント以下の貴重な本物、生命エルギー値が、20万ＢＵをはるかに超えていること、流通がしっかり確保されていること、旨味に特別な深い味わいがあり、後味がすっきりしていること、の４点を重視しています。

生命エネルギー量をデジタル計測器で測定できるようになると、日本の栄養学に大きな変化が起きるでしょう。この計測器を多くの方に知って、使っていただけるよう今、大手メーカーに開発をお願いしているところです。

アートテン食材の格付け

◎富士桜３　エンペラーグリーン（黄帝の緑）
生命エネルギーが20万ＢＵ以上

◎富士桜２　ロイヤルブルー（王室の青）
生命エネルギーが10万〜20万ＢＵ

◎富士桜１　ゴールドシャッツ（黄金の宝）
生命エネルギーが６万〜９万ＢＵ

アートテン大賞最高金賞のエンブレム

アートテン格付け　三つ星　エンペラーグリーン

NO	生産者	生産地	品目	受賞
1	市川アートテン農園 **市川義郎**	山形県 高畠町	**サクランボ**	2013年アートテン大賞 最高金賞
2	磯辺養豚 **磯辺幸満**	熊本県 天草	**豚肉**	2014年アートテン大賞 最高金賞
3	越後薬草 **塚田久志**	新潟県 上越市	**野草酵素**	成人病予防協会推奨品認定
4	沖ヶ浜田 **持田光広**	鹿児島県 種子島	**黒糖**	東京ひよこ100周年記念 黒糖ひよこに採用
5	大久保醸造店 **大久保文靖**	長野県 松本市	**甘露しょうゆ**	料理評論家 辰巳芳子推奨品
6	坂本果樹園 **坂本栄次**	長野県 下伊那郡	**リンゴ**	2014年アートテン大賞 最高金賞
7	うまししろ田 **代田節**	栃木県 那須	**米糀**	2014年に日本食文化協会賞
8	有機産業 **鈴木一良**	静岡県 御前崎市	**トマト**	年商10億の有機産業自慢作 アートテン推奨品
9	田代農園 **田代耕一**	静岡県 御殿場市	**ワサビ**	2009、2011、 農林水産大臣賞
10	冨田ファーム **冨田泰雄**	北海道 興部	**牛乳・チーズ**	2012年 伊勢神宮奉納大賞 FOODEX JAPAN 2013 牛乳最高金賞 FOODEX JAPAN 2014·2015 チーズ金賞
11	戸塚醸造店 **戸塚治夫**	山梨県 上野原市	**心の酢**	国際味覚審査機構 優秀味覚賞２つ星
12	八ヶ岳みのりの丘 ファーム **長田重登**	長野県 茅野市	**蕎麦**	2015年アートテン大賞 ノミネート作品
13	長堂農園 **長堂昌祐**	沖縄県 名護市	**マンゴー**	アートテン推奨品
14	中島農園 **中島強**	佐賀県 白石町	**レンコン**	2013年アートテン大賞 最高金賞
15	そばきり吉成 **吉田道成**	長野県 茅野市	**どうずき蕎麦**	信州大学と共同研究作品

高橋 呑舟（たかはし・どんしゅう）

株式会社アートテン6688インターナショナル代表取締役社長。

有限会社現代健康研究所代表。

1947年岩手県釜石市生まれ。25年間の自衛隊勤務の後、退官。

アートテン・テクノロジーを開発し、その成果を農業や医療、産業に活用。2012年から東南アジア最大企業との事業に着手。

国内でも農漁業関連事業や発酵、LED、IT などの多くの分野で事業提携している。

一般社団法人アートテン技術普及協会理事長。

財団法人子どもの未来支援機構代表理事。

本書の内容やアートテンのお問い合わせは
アートテン技術普及協会へ
TEL 06-4708-5520　http://art-ten.or.jp

アートテン専門店・インターネット通信販売店
http://emoshion.shop2.makeshop.jp

意識・潜象・量子
宇宙のしくみを使えば、
すべてがうまくいくようになっている
奇跡を起こす超技術アートテンのパワー

第1刷　2015年10月31日

著者	高橋呑舟
発行者	川田 修
発行所	株式会社徳間書店
	東京都港区芝大門2-2-1　〒105-8055
電話	編集(03)5403-4344　販売(048)451-5960
振替	00140-0-44392
カバー印刷	真生印刷株式会社
本文印刷	本郷印刷株式会社
製本所	株式会社宮本製本所

ISBN978-4-19-864031-6

アートテン・波形型図形カード

※コピー使用はお避けください（効力が失われます）。

宇宙の法則に沿った生き方ができる

※カードのフチに添って切り取ってください。

アートテン・波形型図形カード

※コピー使用はお避けください（効力が失われます）。

自立長寿

Art-Ten®

※カードのフチに添って切り取ってください。

アートテン・波形型図形カード

※コピー使用はお避けください（効力が失われます）。

精神的成長を促す

Art-Ten®

※カードのフチに添って切り取ってください。

アートテン・波形型図形カード

※コピー使用はお避けください（効力が失われます）。

未発達な脳番地を是正して右脳左脳をバランス良く活用する

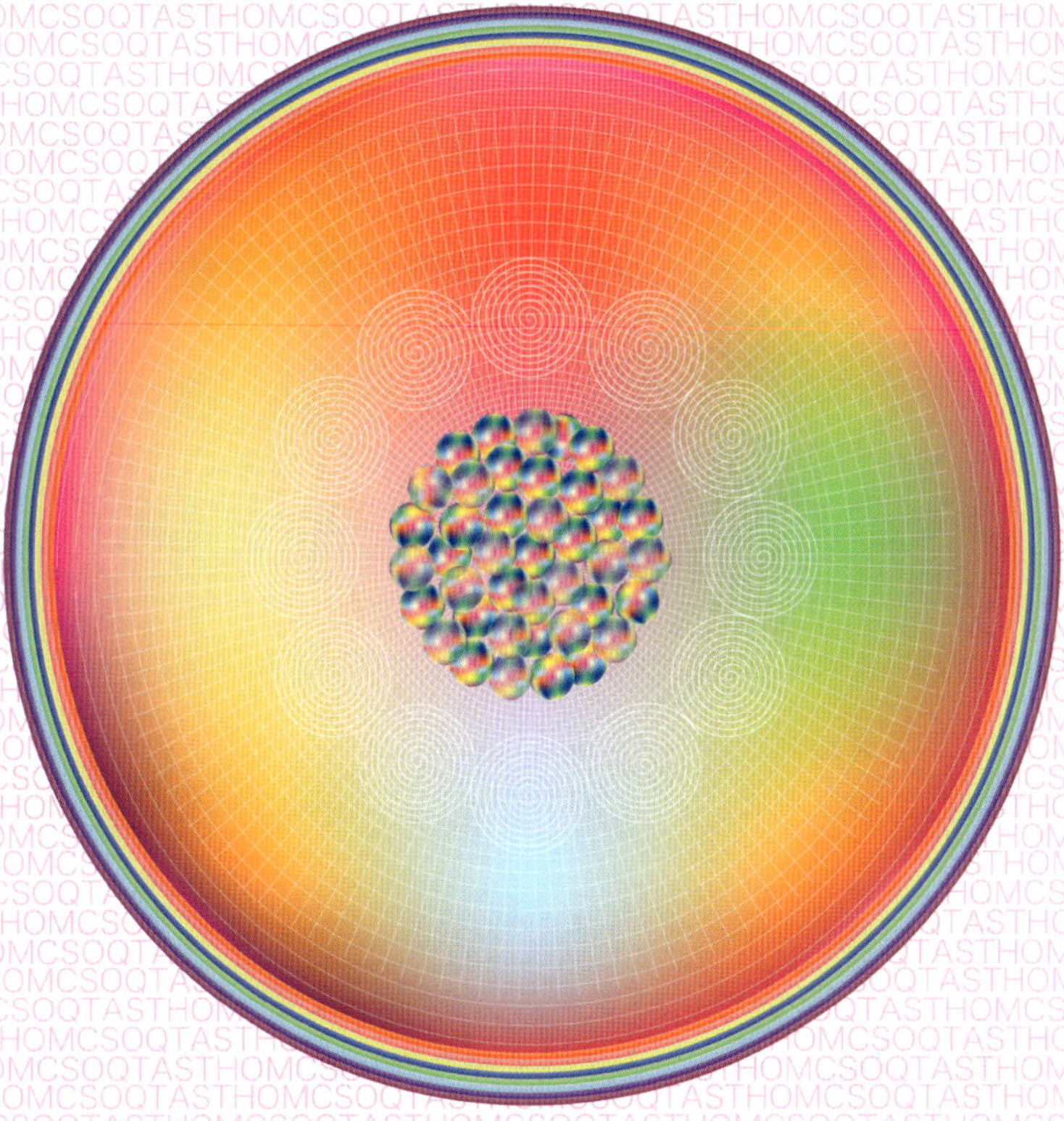

Art-Ten®

※カードのフチに添って切り取ってください。